CONSEILS

A MES ENFANTS

PARIS. — IMPRIMERIE DE CH. LAHURE ET Cⁱᵉ
Rues de Fleurus, 9, et de l'Ouest, 2\

CONSEILS
A MES ENFANTS

PENSÉES MORALES, POLITIQUES
ET PHILOSOPHIQUES

SUIVIS DE

MON ITINÉRAIRE EN ITALIE

PAR M. DE ***

PARIS

LIBRAIRIE DE L. HACHETTE ET Cie

RUE PIERRE-SARRAZIN, N° 14

—

1861

Mes Enfants,

Le petit recueil que je vous offre aujourd'hui est extrait d'un ouvrage plus étendu, fruit des réflexions de mon âge mûr et surtout de ma vieillesse.

Faites et consignées dans mes courts temps de loisir, sur des feuilles volantes, ces réflexions, dont une partie est égarée ou perdue, ne m'ont pas paru devoir être publiées en entier; le choix que j'ai fait parmi celles qui se sont conservées a pour but de fixer vos opinions, ou du moins de vous exposer les miennes sur diverses questions de politique, de morale et même de philosophie.

Ces questions, de nos jours, ont été tellement débattues, agitées, embrouillées, qu'elles sont devenues une espèce de chaos, ou plutôt une série de problèmes difficiles à résoudre, surtout pour un jeune homme sans expérience, et trop souvent ami des nouveautés.

Ai-je réussi à y porter la clarté ? Je n'ose l'espérer. Mais si l'amour de la vérité, si le zèle et la bonne foi pouvaient tenir lieu de talent, mes travaux certainement ne seraient pas infructueux.

Ce ne sont pas les livres qui nous manquent, et il y en a tant de mieux écrits que le mien, qu'il m'a fallu des raisons bien fortes, et qui me sont personnelles, pour m'engager à écrire et à faire imprimer. Ces raisons sont les suivantes :

Tout ce qui vient de mes ancêtres je le conserve et le vénère singulièrement ; ce qu'ils ont fait, dit ou pensé, m eflatte, m'occupe et m'intéresse. Je suis persuadé que s'ils eussent fait un traité de politique, de morale et de philosophie, ce traité m'aurait inspiré le plus grand intérêt, aurait influé sur mes opinions, et peut-être sur ma destinée. Je pense que vous êtes comme moi, mes enfants, et j'ai écrit mes réflexions et mes pensées.

Au surplus, ne cherchez point dans cet ouvrage des idées toutes nouvelles, ni des maximes d'une sagesse inconnue. Il y en a peu sûrement : car en métaphysique et en politique, en morale et même en philosophie, tout à peu près a été dit et redit; parfois même divers auteurs se répètent ou se rencontrent sans s'être *vus ni connus*. Il en résulte que pour se distinguer et vouloir dire du nouveau on met son esprit à la torture, on tourne et retourne ses idées, on les présente sous toutes les faces, on les travestit enfin pour les déguiser, les défigurer, les diversifier; mais en même temps on les dénature et on les obscurcit. Au lieu de dire des choses nouvelles, on les dit d'une manière nouvelle, et qui pis est, d'une manière forcée, singulière et bizarre.

Je n'ai point suivi cette méthode, bien au contraire : j'ai tâché de dire, le plus clairement possible, des choses bonnes et justes, sans m'embarrasser si d'autres les avaient dites avant moi, ni comment ils les avaient dites. En un mot, ce petit ouvrage est simplement le produit de mes réflexions, souvent décousues, parfois répétées, présentées sans ordre et dénuées, je pense, des charmes du style et de la diction.

Du reste, je vous donne pour douteux ce que je crois douteux, et pour certain ce dont j'ai la plus intime conviction.

DU MARIAGE

ET DE SON IMPORTANCE.

RÉSULTATS BONS OU MAUVAIS DU MARIAGE; SON INFLUENCE SUR LES DESTINÉES DE L'HOMME ET DE SA POSTÉRITÉ. — CONSEILS A MES ENFANTS.

Une action dont le but naturel est de rendre l'homme immortel sur la terre, mais qui le dégrade en même temps ou l'ennoblit, qui peut le faire digne dans ses descendants de commander à d'autres hommes, ou le rabaisser au niveau de la brute; en un mot, une action de laquelle résulte le bonheur ou le malheur de son existence, d'où dépend très-souvent le bonheur ou le malheur de sa postérité, doit engager tout homme raisonnable à s'y préparer par de mûres réflexions, afin de ne pas se repentir toute sa vie pour l'erreur d'un moment; car tel est le résultat d'un mariage accompli dans de bonnes ou de mauvaises conditions (*a*).

L'expérience apprend tous les jours à l'homme que son âme et son corps sont gouvernés par les mêmes lois, et sont également sujets aux mêmes influences de la nature. En effet, il est aussi rare que des hommes sages et intelligents engendrent des fous ou des imbéciles, qu'il est rare de voir des hommes d'un physique heureux avoir des enfants nains, gauches ou contrefaits. La noble figure et le caractère des anciens Guises se reproduisirent toujours dans leurs descendants; tous les Catons, chez les Romains, furent courageux, sages et inflexibles. Les Pasquier, les Molé, les Séguier, les Lamoignon, font depuis longues années la gloire et l'honneur de la magistrature.

Mais si les chefs de ces familles ont eu des descendants dignes d'eux, ce n'est pas seulement grâce à leur mérite personnel, ou parce que l'homme a plus d'empire que la femme sur la génération ; c'est encore et surtout parce qu'ils ont pris soin de ne pas se mésallier : je m'explique, c'est qu'ils ont choisi des femmes d'esprit, sages et distinguées comme eux ; car il paraît incontestable que l'influence de la femme dans la génération est au moins égale, si même elle n'est supérieure à celle de l'homme [1].

Les exemples à l'appui de cette vérité abondent, on en rencontre autour de soi tous les jours ; et pour ne citer qu'un ou deux noms historiques, Socrate chez les Grecs et Marc-Aurèle chez les Romains peuvent confirmer mon expérience journalière. Socrate, reconnu sans contredit comme le plus sage des Anciens, laissa des enfants incapables dont l'histoire n'a rien dit : on sait ce qu'était Xantippe, leur mère [2]. Marc-Aurèle, le premier des hommes et l'exemple des princes, eut pour fils l'infâme Commode, l'imitateur et l'émule de Néron : aussi sa mère éhontée devint fameuse par sa lubricité.

Il en est ainsi à l'égard des animaux, et même des végétaux. Les chiens chassent de race, dit le proverbe, et l'on sait assez que les végétaux et les fruits tiennent presque toujours des tiges qui les ont produits.

Si ces faits incontestables sont quelquefois

---

1. Voy. plus loin le morceau intitulé : *De l'Angleterre et des Anglais*, vers la fin.

2. On dit à ce sujet que Socrate, pour exercer sa patience, choisit sa femme violente et emportée : cela me paraît incroyable ; ce serait, selon moi, plutôt folie que sagesse. Quoi qu'il en soit de cette bizarrerie, il dut se repentir toute sa vie de l'aveuglement de son choix.

méconnus de l'homme, qui le croirait? c'est seulement au sujet de son espèce. Oui, il n'est que trop vrai, les hommes sont si inconséquents, leurs idées sont tellement bizarres, qu'ils prennent souvent plus de précautions pour améliorer l'espèce des animaux que pour conserver et améliorer leur espèce même.

L'homme, qui prend des informations réitérées pour se procurer des chevaux ou des chiens d'une bonne race, souvent ne fait pas la moindre attention, lorsqu'il s'agit de choisir une femme d'une bonne constitution, sage, spirituelle et issue d'une bonne famille [1].

Plus sages que le commun des hommes, mes enfants, regardez le mariage comme l'acte le plus intéressant de votre vie; ne vous laissez point guider par vos passions dans le choix d'une femme : l'amour, l'avarice et l'ambition sont de mauvais conseillers; croyez plutôt un

---

1. Le mal, en général, est partout à côté du bien. Sans applaudir à tous égards aux lois de Lycurgue, qu'on pourrait en certains cas traiter de barbares, il est certain que l'usage établi chez les Spartiates de conserver par le choix et de fortifier par l'exercice les belles races d'hommes, offrait un avantage important pour l'amélioration et la perfection physique de l'espèce humaine. Du reste, cet exercice et ce choix, appliqués à l'intelligence et au moral de l'homme, produisent bien certainement les mêmes effets qu'au physique.

père qui n'a de passion que pour votre bonheur ; qui, outre son expérience de cinquante années, fait des réflexions fréquentes sur cette matière depuis plus de trente ans.

Pour le choix dont il s'agit, voici les conseils que je vous donne : D'abord je vous recommande une bonne constitution physique et morale, dont résultent la santé, la sagesse et l'esprit, que je regarde comme absolument nécessaires. De tous ces heureux dons de la nature, ce sont les qualités spirituelles et morales qui sont assurément les plus recommandables ; car c'est l'intelligence, la raison, la sagesse, qui font l'homme et le distinguent de la brute. Ainsi, la prudence, la docilité, l'heureuse mémoire, le jugement, la tempérance, l'industrie et l'adresse sont des qualités naturelles, spirituelles et morales, sur lesquelles l'éducation a plus ou moins d'empire, suivant la force ou la faiblesse du caractère; et ce caractère, en dernière analyse, résulte de la constitution physique et nerveuse des individus.

Disons donc un mot sur les causes et les effets des qualités bonnes ou mauvaises des nerfs, et sur les maladies de cette partie essentielle de l'homme, organe ou siége de l'âme, du mouvement et du sentiment (b).

Les maladies de l'âme ou maladies nerveuses, en général, prennent leur origine dès la formation de l'homme, dans les nerfs et par les nerfs. Comme elles ont pour siége le principe même de la vie, il en résulte que le père les transmet à ses enfants, et que ce caractère morbide se reproduirait toujours héréditairement et nécessairement, si la femme, qui fournit un contingent au moins égal à celui de l'homme dans la reproduction, n'apportait des modifications favorables par une meilleure constitution nerveuse.

En conséquence, les causes accidentelles auxquelles on attribue ces maladies ne font que développer et révéler les causes naturelles, qui existaient à l'état latent. Donc : les personnes sujettes aux maladies les plus graves de cette espèce, telles que la folie ou l'épilepsie, ne doivent pas se marier. J'ai connu dans ma première jeunesse un fou, d'un caractère très-gai ; les deux filles qu'il eut durant sa folie, sont devenues folles comme lui[1].

---

1. Un autre inconvénient bien fâcheux, résultat ordinaire de cette constitution, c'est la facilité malheureuse qu'ont les femmes de subir l'influence magnétique. « C'est une maladie véritable, dit M. Michelet, qui s'aggrave en la cultivant.... » C'est une honte de voir un homme qui n'est pas aimé prendre une puissance sans bornes sur les volontés d'une femme. Elle devient sa propriété, forcée de se mouvoir à son signe, et de dire devant témoins le plus humiliant secret ; elle le suit fatalement, et la voilà

Voilà pourquoi je vous recommande par-dessus toutes choses de ne pas entrer dans des familles où il se trouve des individus sujets à des maladies nerveuses, telles, surtout, que celles que je viens de nommer, et encore plus de ne pas épouser une personne sujette à une de ces maladies. Faites au contraire tout ce qui dépendra de vous, pour contracter alliance avec d'honnêtes gens, d'une nature active, d'une force morale capable de résister aux coups du sort, et chez qui la probité, la sagesse et l'esprit soient des qualités héréditaires.

Quel trésor, quel bonheur d'avoir une femme active, intelligente et d'un bon caractère, des enfants sages, spirituels et dociles! Je vous l'ai dit et vous le répète, défiez-vous de la fortune, et surtout de la beauté sans moralité ni sagesse; elles pourraient vous séduire, elles en ont tant séduit! Mais de grâce, réfléchissez au sort qui vous attendrait si vous succombiez à leurs tentations. Quand votre épouse aurait la beauté d'Hélène et les trésors de Crésus, serez-vous heureux en ménage si elle a un mauvais caractère; si vos enfants sont

livrée à mille chances inconnues : elle perd la disposition de sa volonté, de sa liberté ; elle peut devenir à l'occasion la victime d'un homme passionné, d'un libertin, d'un inconnu : je pourrais en donner des preuves.

indociles, méchants, contrariants ; si quelqu'un d'eux devient fou, mélancolique, hypocondre? Quand on a le malheur d'avoir un tel caractère, les chimères troublent facilement l'imagination, on s'ennuie même de son bonheur, et, sans aucun sujet de peines, on est malheureux par la crainte de le devenir.

Ainsi, il est reconnu que la nature nous donne tout : la santé, la beauté, l'intelligence et une tête bien organisée ; nous ne pouvons que perdre ses dons, nous sommes impuissants à les acquérir, ou du moins ce que nous pouvons à cet égard est très-peu de chose : le naturel contraint et chassé revient comme l'éclair ou la foudre.

Avec peu de fortune, une bonne tête, la santé et l'amour du travail, on peut être aussi heureux sur la terre qu'il est donné à l'homme de l'être ; et, à l'aide de ces qualités, acquérir les richesses et les honneurs que l'on recherche avec tant d'ardeur. Mais avec toutes les richesses et les grandeurs du monde réunies, nous n'aurions jamais la santé, l'intelligence et une tête bien organisée, si la nature nous avait refusé ces précieux dons. Réfléchissez sur ces vérités incontestables, et songez que le moyen le plus sûr de se rendre heureux soi-même, et d'obtenir pour ses enfants les faveurs de la nature, sources les plus fécondes du bonheur, c'est d'épouser une personne intelligente et bien née qui les possède. Quoiqu'elle ait été méconnue de nos jours [1], c'est une vérité éternelle que les folies de l'égalité, les subtilités des sophistes et la poussière des siècles ne pourront pas même obscurcir. Du reste, la plupart de ces qualités naturelles seront plus fortes encore et brilleront d'un nouveau lustre, si la personne qui les possède a été bien élevée; si elle est sensible à l'honneur; si elle est pieuse et non superstitieuse. La religion, dans bien des circonstances et dans tous les âges de sa vie, lui sera d'un très-grand secours. Elle lui inspirera l'aimable pudeur si nécessaire aux femmes, l'engagera à fuir et à prévenir les occasions dangereuses, et servira comme de rempart à sa vertu.

Le bon ou le mauvais caractère, a dit un homme célèbre, se fait connaître dès la première enfance; l'homme est au berceau ce qu'il doit être dans l'âge mûr. Cela est très-vrai dans le fond; mais je dis en outre que c'est plutôt dans l'enfance que dans un âge formé qu'on peut connaître le vrai caractère d'une fille, car dans le premier âge on n'a pas l'art de tromper en masquant ses défauts; au contraire,

---

1. Voy. Helvétius, *De l'homme, de ses facultés intellectuelles et de son éducation.*

à vingt ans on se contraint pour paraître sage ; on veut plaire à quelque prix que ce soit ; il n'y a que dans les occasions extraordinaires et inattendues que le masque se lève pour laisser voir la vérité. Évitez donc, si vous n'avez des renseignements certains, de choisir pour femme une personne que vous ne voyiez que depuis quelques mois. Il faut connaître avant d'aimer, dit le proverbe, mais surtout il faut connaître avant d'aimer d'un véritable amour, de cet amour céleste et durable fondé sur l'estime, la vertu, la conformité des goûts et des humeurs.

Beaucoup de jeunes gens, et souvent bien mal à propos, vont chercher des femmes loin de leur pays ; voyant une jeune personne pour la première fois, ils sont frappés de ses charmes, parce qu'ils ne voient que ses charmes ; ils la demandent en mariage, et bientôt les voilà mariés. Mais souvent ils ne tardent guère à sentir les suites fâcheuses de leur imprudence ; les incommodités, les contrariétés, les peines du ménage font ressortir le vrai caractère qu'ils ne connaissaient pas, et au lieu de roses qu'ils espéraient, ils ne trouvent que des épines. Au contraire, quand on se hante dès la plus tendre enfance et qu'on vient à s'unir par le lien du mariage, il est rare que l'on ne soit pas heureux, parce qu'on s'est connu dès l'âge où le caractère, dans toute sa simplicité, se montre tel qu'il est, sans fard et sans tromperie. Ainsi donc, mes enfants, choisissez, parmi celles que vous connaissez le mieux, la plus sage, la plus intelligente, la plus active et la plus saine de corps et d'esprit, car ce serait une chimère de vouloir une femme parfaite, il n'y en a pas.

Il faut aussi considérer les rapports des goûts et des humeurs, un certain je ne sais quoi qui plaît et qui touche, de manière que telle personne nous convient mieux que telle autre, bien que parfois elle ne soit pas aussi gracieuse aux yeux d'autrui.

Quoique dans cet exposé il ne soit question de la fortune que pour vous faire voir combien on doit peu l'estimer, il ne faut pas vous en prévaloir pour écouter vos passions ou vos caprices, en épousant une personne sans fortune, qui, n'ayant pas peut-être le même désintéressement que vous, ferait des avances pour vous séduire et pour arriver à son but. N'oubliez pas que les enfants de familles pauvres ont souvent reçu une mauvaise éducation, que souvent ils ont hanté des sociétés peu distinguées et vu de tristes exemples.

D'ailleurs, sous le rapport du caractère, on peut être trompé par la femme pauvre comme par la femme riche, et s'il est reconnu que c'est la nature qui nous donne tout, la santé, la beauté, l'intelligence et le bon caractère, il n'est pas moins vrai que pour un grand nombre de personnes l'habitude est une seconde nature, que la bonne éducation, dont résulte la politesse (c), a une influence très-marquée sur tous les hommes en général, mais principalement sur ceux qui, n'ayant pas naturellement une inclination décidée soit pour le bien ou pour le mal, sont d'autant plus disposés à recevoir les influences bonnes ou mauvaises qui se présentent à leurs yeux. Donc je conclus qu'il est au moins nécessaire que l'un des deux époux ait de la fortune, ou bien un grand talent pour en gagner : car, dit le proverbe, pauvreté engendre querelle, et l'amour n'a pas bon jeu lorsque l'on n'a ni pain, ni vin, ni feu.

Il faut donc estimer la fortune ce qu'elle vaut quand elle est jointe à la sagesse et à l'intelligence ; mais si la personne riche n'est ni sage, ni intelligente, ni exempte des maladies nerveuses dont je vous ai parlé, ou si une seule de ces trois qualités lui manque, ne l'épousez point pour sa fortune : vos réflexions particulières sur les exemples que vous avez vus, jointes à l'histoire d'Héliodore que je vais vous rapporter, vous montreront assez quels malheurs vous pourriez attirer sur vous et sur vos descendants..

Il faut examiner aussi de quelle source vient la fortune, et comment elle a été acquise. Je préférerais une demoiselle qui n'aurait que deux mille francs de rente et qui les aurait acquis loyalement avec ses père et mère, par son talent, son travail ou son industrie, à une autre qui posséderait le double, mais dont l'avoir serait un débris d'une ancienne fortune plus considérable, dissipée par elle avec ses parents. Celle qui a dissipé dissipera ; celle qui a économisé et travaillé économisera et travaillera.

Donc, une personne qui n'a que deux mille francs de rente et n'en dépense que quinze cents, est plus riche et plus estimable sous le rapport de la fortune que celle qui en possède quatre mille et dépense plus qu'elle n'a[1].

HÉLIODORE ET CAROLINE.

Héliodore, descendant d'une illustre famille, a toujours été juste et homme de bien, quoique trop sensible ou trop peu maître de

---

1. C'est à l'éducation, et surtout aux sociétés que l'on fréquente, que l'on doit presque entièrement le mépris d'un luxe ruineux, aussi gênant que contraire à l'aimable liberté, dont résulte la sage économie. Sans cette heureuse économie que je ne saurais trop recommander, les fortunes particulières tombent en ruine, les familles s'éteignent ou s'avilissent, et les États même périssent.

ses sentiments. Son éducation fut d'abord excellente et bien conduite ; mais dans sa première jeunesse, la lecture des romans et des poésies érotiques, en lui donnant des idées fausses et trompeuses sur l'homme et sur la valeur des choses, exalta jusqu'à l'excès la sensibilité naturelle de son cœur.

L'influence pernicieuse de ces lectures parut surtout dans le choix qu'il fit d'une femme : il sacrifia tout à l'amour. Caroline, sa fiancée, qu'il chérissait plus que la vie, était jeune et charmante ; il en fut ébloui : « Que ne puis-je, se disait-il, ignoré du reste des hommes, couler mes jours dans un désert avec elle !

Les Dieux dans mon bonheur pourraient-ils m'égaler ? »

La flatteuse espérance, les douces pensées et les tendres désirs l'accompagnaient sans cesse, le caressaient et le charmaient tour à tour (*d*). Mais Hymen qui les suit arrive avec son flambeau, et la lune de miel pâle et décroissante succède aux feux brûlants du jour.... En un mot, semblable à la Vénus antique et terrestre, quand Caroline eut quitté sa ceinture, tous ses charmes avaient disparu. Cela s'entend pour Héliodore ; car aux yeux des autres hommes, elle est gracieuse encore, elle est charmante, elle est aimable ; tout le monde l'admire, et quelqu'un même la courtise, parce qu'elle est pour tout le monde, et, dit-on, pour quelqu'un ce qu'elle avait été pour son amant, et dans les premiers temps pour son mari. Mais dans son intérieur et vis-à-vis de son époux, elle est devenue contredisante, querelleuse et hautaine : elle n'est contente qu'en son absence.

Quelques années se passent ainsi dans l'alternative fâcheuse des querelles et des raccommodements; les bourrasques, pourtant, deviennent de plus en plus grosses et fréquentes; et cet époux infortuné est enfin la risée de ses serviteurs, de ses voisins et de ses connaissances.

Héliodore, couvert de honte et navré de douleur, n'eut plus d'espoir qu'en ses enfants. Il se passionna pour leur éducation, lut les principaux ouvrages écrits sur cette matière, et, sur l'assurance de quelques auteurs, crut pouvoir les former dans ses mains comme la molle argile que façonne le potier. Mais pour combler ses malheurs, il les trouva d'un caractère indocile, difficile, indomptable. Il essaya tour à tour les divers moyens de correction; douceur, émulation, bonnes raisons, châtiments modérés, tout fut mis en usage, et tout fut inutile. Héliodore, homme sensible et trompé dans ses plus chères affections, se dégoûta peu à peu de sa maison; son découragement et son désœuvrement, ses dépenses à l'extérieur qui en furent la suite, jointes aux prodigalités de son épouse, diminuèrent en peu de temps sa fortune d'un tiers [1].

Aspasie, l'aînée de ses enfants, tient beaucoup de sa mère; elle était à douze ans déjà pleine d'attraits. Son père, ne voyant pas fructifier ses leçons, voulut essayer si des maîtresses ne seraient pas plus habiles que lui; il la mit donc dans une pension des mieux tenues et des plus estimées. Mais, quoique son caractère difficile et contrariant s'y soit sensiblement adouci sous la double influence de la honte et du bon exemple, il est pourtant toujours le même dans le fond : elle y resta environ trois ans, souvent en contradiction avec ses compagnes, souvent grondée par ses maîtresses.

Ariston, jeune homme instruit, mais trop prompt à s'enflammer, s'éprit vivement des beautés d'Aspasie; aussitôt qu'il la vit, il sentit ce doux frémissement, ce trouble et ce charme qui présagent les grandes passions.

---

1. Un des grands avantages que je trouve à posséder une femme estimable, c'est qu'en l'estimant on estime et on aime ses enfants; on se plaît dans sa maison : par conséquent on s'occupe de ses affaires et de la prospérité de sa famille.... Malheur à l'homme qui a perdu sa propre estime, celle de sa femme et de sa famille !

Cependant Ariston, qui avait reçu une bonne éducation, ne se lia pas sans réflexion; il s'informa prudemment des mœurs et du caractère d'Aspasie, si elle était sage et modeste, quelle était sa conduite envers son père et sa mère, enfin si elle était d'une bonne famille. Mais comme Aspasie a une figure séduisante et des manières trompeuses, qui éblouissent et charment à la fois, personne ne voulut ou ne put fixer le jeune homme sur son vrai caractère; les renseignements qu'il recueillit furent, en somme, insignifiants.

A l'égard de sa famille il n'en fut pas ainsi; après d'amples informations, il apprit que son aïeule maternelle était sujette à l'épilepsie, un autre parent à la folie, que ses frères étaient méchants, et que sa mère, colère et nerveuse, était soupçonnée d'être infidèle à son mari.... Mais sa fille, comme elle est belle! que ses regards sont pleins d'amour! C'est alors qu'Ariston se trouve combattu, partagé entre deux sentiments contraires, mêlés de doute et d'incertitude, dont le résultat sensible n'est pour lui qu'un tourment. Dans un de ces moments de calme où la raison reprend quelquefois son empire, il se disait tristement : « Que ferai-je si Aspasie tient de sa mère, ou si j'ai des enfants indociles et méchants comme ses frères; si quelqu'un d'eux me déshonore ou devient fou, maniaque, épileptique? » Mais la froide raison, chez un homme sensible, ne tient guère contre l'amour ; l'image enchanteresse d'Aspasie poursuit Ariston, et le jour et la nuit, il croit la voir, la sentir et l'entendre. « Est-il possible, se disait-il dans son délire, que je sois malheureux avec Aspasie? son doux sourire, sa présence seule fait mon bonheur. On m'a dit du mal, il est vrai, de quelques-uns de ses parents; mais si l'on n'épousait que celles dont les familles sont irréprochables, bien peu de filles se marieraient; et puis, après tout, Aspasie est estimable, personne n'a jeté sur elle le moindre blâme, c'est l'essentiel; les fautes et les défauts sont personnels; d'une mauvaise souche, il peut sortir un bon rejeton (*e*). » Enfin ce dernier sentiment l'emporte, et l'amour est vainqueur. Sa raison tourmentée, fatiguée et réduite au silence par la passion, lui permet enfin d'épouser Aspasie; mais que je redoute pour le pauvre Ariston les conséquences de ce mariage (*f*)!

DES
CHAGRINS
ET DES PEINES,
ET DE LEURS REMÈDES.

Que l'homme, ce chef-d'œuvre de la nature, est un être imparfait et malheureux ! Machine compliquée, animée et sensible, la moindre pièce qui se trouve offensée cause le désordre et la souffrance du tout. Que dis-je ? si du physique nous passons au moral, chose étrange ! ses souffrances et ses peines augmentent souvent même en raison inverse de sa perfection. En effet, l'homme le plus spirituel est souvent le plus sensible, et le plus sensible est presque toujours le moins modéré, par conséquent le plus malheureux. Il est sans cesse ballotté, tiraillé, tourmenté par les passions, la raison, les remords ; il fuit la vertu qu'il aime, et suit le vice qu'il hait; il veut être sage, il ne le peut pas[1].

Si de notre espèce nous descendons à la brute, que d'hommes plus malheureux que les animaux sujets à leurs caprices! Ces derniers du moins sont exempts d'inquiétudes, du pressentiment de la mort, des craintes et des misères qui en résultent..., en un mot, ils sont exempts des souffrances et des peines de l'esprit, qui sont sinon les plus vives, du moins les plus longues, et par cela même les plus insupportables.

La grandeur des chagrins et des peines de la vie n'est pas, dans tous les cas, propor-

---

[1]. Entraîné par le sentiment et peut-être par mon sujet, je dis ici plutôt ce qui est que ce qui pourrait être, ce que font ordinairement les hommes sensibles et passionnés, et non ce qu'ils pourraient faire. Combien d'hommes, agités par des passions violentes, ont su par leur courage les vaincre et les dompter! L'essentiel est de s'y prendre de bonne heure, dès la jeunesse, de se soumettre au doux joug de la raison, de ne pas contracter de mauvaises habitudes, et surtout de fuir avec prudence les sociétés, les occasions dangereuses.

[2]. Si certains animaux, tels que les éléphants et les chiens, ont quelquefois des peines et des inquiétudes, il est à remarquer que ce sont les plus intelligents, les plus aimants, les plus sensibles, en un mot, les plus favorisés de la nature. Ainsi ces exceptions, très-rares sans doute, au lieu de contredire mes observations, ne font que les confirmer, les appuyer, les justifier.

tionnée aux causes qui les produisent; de leurs diverses combinaisons résultent quelquefois des effets singuliers, que les caractères et les tempéraments viennent modifier à leur manière; je m'explique :

Dans les malheurs qui ne laissent aucune espérance de remède, tels que la mort d'un enfant chéri, d'une épouse, d'un père, d'un ami, on se trouve comme accablé du poids de sa douleur; les yeux fatigués par les larmes se ferment naturellement, on s'abandonne aux douceurs du sommeil; d'ailleurs les larmes, en déchargeant le cerveau des humeurs et des vapeurs que l'irritation y attire, semblent être la nourriture et sont le remède du malheureux; elles le soulagent et le fortifient dans ses peines.

Ainsi, le mouvement rapide de l'électricité, qui paraît être l'âme de la nature, attire, amasse les nuages, produit des averses et calme le ciel. Mais les inquiétudes que nous concevons sur le sort d'une personne chérie, sur le résultat d'un procès ruineux, sur des malheurs dont nous sommes menacés, soit bien fondés, soit même imaginaires[1], occupent sans

---

1. Je n'entends pas ici, par craintes imaginaires, celles qui se produisent dans l'imagination des personnes qui ont la tête dérangée. Tel fut Pascal, qui croyait dans son

cesse et fatiguent l'esprit, chassent le sommeil, troublent la tête, et souvent sont plus funestes aux hommes sensibles que des malheurs plus grands et plus positifs.

Les souffrances et les peines étant nées avec l'homme, et plus durables que ses jouissances et ses plaisirs, la matière que je traite est loin d'être nouvelle ; elle a même été largement exploitée, d'autant plus que les savants, ordinairement très-sensibles, ont généralement besoin, plus que les ignorants, de chercher dans la sagesse de leur raison et les ressources de leur esprit, des remèdes aux blessures de leur cœur.

délire voir un abîme ouvert à son côté. Telles encore les peines imaginaires de René ou bien plutôt de Chateaubriand, dans sa première jeunesse. Mais j'entends les soucis de certains hommes qui craignent tous les malheurs possibles ; sensibles jusqu'à l'excès, ils éprouvent un malaise difficile à décrire ; des insomnies fréquentes ; des inquiétudes physiques et morales ; ils redoutent souvent la mort, les maladies du corps ou de l'esprit, etc., etc. Un ou plusieurs de ces malheurs peuvent bien leur arriver comme à tout le monde ; mais le moyen le plus sûr pour s'en garantir ou les éloigner, est de couler légèrement sur les pensées qui viennent à ce sujet ; de s'occuper constamment d'un travail agréable ; de rechercher la compagnie des amis de la gaieté ; d'éviter d'être seul ; et surtout, aussitôt que les idées noires ou les craintes fâcheuses se présentent à l'esprit, de tourner doucement ses pensées vers les choses attrayantes.

L'immortel Cicéron pleurant sa chère Tullie est à la tête des hommes célèbres qui ont traité ce sujet. D'abord, inconsolable de la mort de sa fille, ce père sensible, retiré du monde, adoucit son chagrin par le temps et les réflexions, en composant son livre de la consolation que nous avons perdu.

Donc, n'attendez pas, ami lecteur, dans ce qui me reste à vous dire, des réflexions toujours neuves, et des conseils d'une sagesse inconnue. Ayant depuis longues années cherché moi-même des consolations dans la lecture de quelques auteurs, les pensées et les réflexions que j'y ai rencontrées se sont, en quelque sorte, mariées dans mes souvenirs avec celles que j'ai conçues moi-même et qui m'appartiennent. Ainsi, qu'elles soient de moi ou seulement vérifiées par moi, qu'elles m'aient été inspirées ou que je les aie conçues, méditez-les avec attention : c'est bien le résultat actuel de mon expérience et de mes réflexions que vous allez lire.

O vous, dont l'âme sensible et neuve n'a pas été en butte à l'injustice, à la malignité des hommes, et vous qui comptez les jours par les jouissances et les plaisirs, dont la riante imagination embellit à vos yeux le présent et l'avenir, et fait le charme de votre existence; hommes heureux, aimable jeunesse, je vous distrais à regret de vos jouissances ou de vos douces rêveries. Mais ces beaux jours, hélas! pourront s'obscurcir; la saison du printemps est parfois troublée par des orages, et un des remèdes les plus efficaces contre les peines est de s'y préparer par de sages réflexions. Considérez donc que l'objet que vous chérissez est périssable, et que la mort vous le ravira peut-être au moment où vous n'y penserez pas; que votre réputation, qui doit vous être aussi chère que la vie, se trouvera peut-être flétrie par des apparences trompeuses, ou par le souffle empesté de la calomnie. En un mot, pesez bien ces paroles : tout ce qui appartient à l'homme, tout ce qui approche de l'homme, tout ce qui est l'objet de ses affections, de ses plaisirs, tient plus ou moins de son inconstance, de sa faiblesse et de sa mortalité! Il n'y a que l'amour de la sagesse et de la vertu qui ne nous cause aucuns chagrins, aucuns regrets sur la terre; et au contraire, quand, sur le retour de l'âge, nous avons reconnu les mécomptes ou le vide que nous font éprouver nos autres affections, il sert comme de baume à nos plaies profondes; il remplit cet affreux vide de la vie, en nous indiquant la bienfaisance ou le travail comme les remèdes les plus efficaces contre l'ennui (*g*). Aimable sagesse, beauté divine, beauté incorruptible, toi qui nous soutiens et nous consoles dans nos misères, de combien de malheureux ne serais-tu pas l'appui, si, épris de ta beauté, ils suivaient tes maximes et contemplaient ton image !

Commençons par le plus grand malheur dont nous puissions être frappés dans la vie, la mort de l'objet que nous chérissons. Avez-vous éprouvé un tel malheur, mes enfants? Tâchez de modérer votre juste douleur; mais en particulier et dans l'intérieur de votre maison, donnez-lui un libre cours. Dans ce moment critique, loin de vouloir tarir vos larmes, votre père, le cœur gros de tristesse, en verserait avec vous. Près de quinze années se sont écoulées depuis la mort de mon fils, et pourtant, en écrivant ces lignes, je sens ma plume incertaine vaciller dans mes mains.

Quoique les plaintes et les gémissements soient une espèce de soulagement, je vous invite à vous en abstenir, même en présence de vos amis. Tous ne sont pas sensibles, et les démonstrations d'une douleur immodérée pourraient vous faire mépriser par eux. Cependant, si vous avez un véritable ami, sensible et compatissant, ouvrez-lui votre cœur et contez-lui vos peines; s'il est prudent aussi bien que sensible, s'il entre doucement dans vos sentiments, ses paroles bienfaisantes et calmantes seront comme un baume appliqué sur vos blessures ; vous goûterez alors les doux fruits de l'amitié et l'avantage incontestable de ne pas vivre constamment solitaire et retiré. Mais gardez-vous bien d'étaler votre douleur en public, vous ne seriez que ridicule aux yeux du monde. En cela, comme en bien d'autres choses, suivez l'usage ordinaire des gens les plus estimés, restez chez vous durant quelques jours, et quand vous paraîtrez en public, gardez le *décorum* et la gravité qui conviennent dans ces circonstances.

Ainsi donc, après vous être abandonné durant quelques jours à vos larmes, qui sont, comme je viens de le dire, un véritable soulagement, considérez que le chagrin trop longtemps prolongé ne ferait aucun bien au cher objet de vos peines, mais qu'il vous ferait à vous-mêmes un très-grand mal ; en effet, il porte le trouble dans les fonctions humaines, mine, abat le corps et l'esprit, anéantit les forces vitales et précipite au tombeau.

Considérez les personnes de votre connaissance qui ont eu des malheurs aussi grands ou plus grands que les vôtres, pensez à ceux qu'ont éprouvés les plus grands personnages. Le célèbre Périclès perdit tous ses enfants ; Démosthène sa fille unique ; Cicéron sa chère Tullie. Chez les modernes, L. Racine, qui n'avait qu'un seul fils, n'eut pas même la triste consolation de lui fermer les yeux; il périt subitement, par un désastre épouvantable, loin de ses parents, de ses amis et de sa patrie.

Young, l'auteur des *Nuits*, bercé par l'espoir de couler de longs jours avec une épouse vertueuse et chérie, eut le malheur de la perdre avec tous ses enfants.

Goëthe, homme extraordinaire et célèbre sous bien des rapports, perdit, en 1830, son fils unique, le seul héritier de son nom, le seul soutien de sa vieillesse.

Et les derniers jours du fameux Cuvier, n'ont-ils pas été assombris, abrégés même par la mort de sa chère Clémentine?

Nous ne sommes donc pas les seuls affligés, les seuls malheureux sur la terre. Voilà les considérations humaines qui ont adouci et soulagé mes peines; puissiez-vous, après les avoir méditées, vous soumettre aux dures lois de la nécessité; puissent-elles enfin vous être utiles ainsi qu'à moi, et vous faire penser à votre conservation et à celle des personnes qui vous restent et qui vous sont chères!

Si, favorisés de la nature, vous aviez le don de la poésie, vous auriez en vous-mêmes une autre source de consolation. Qu'il est doux, qu'il est consolant pour un cœur sensible et blessé, de chanter les louanges du cher objet de ses peines; de dire, de décrire en beaux vers les heureux jours passés avec lui! Promenades enchantées, joies indicibles, plaisirs passés comme un songe et sans espoir de retour! « Heureux qui applique sur la blessure de son cœur le dictame immortel des *Muses;* » il sait chasser l'affreux fantôme qui le poursuit, il adoucit ses peines et ses chagrins, il endort ses douleurs et charme ses ennuis. Mais l'usage du monde ne permettrait guère cet heureux emploi de la poésie que pour ses père et mère, un ami, une maîtresse adorée ou une épouse chérie. Cicéron lui-même a été sévèrement blâmé d'avoir porté jusqu'à l'excès dans ses écrits, ses projets et sa conduite, l'amour qu'il avait pour sa fille Tullie.

Après la perte de l'objet qu'il aime, rien n'est plus sensible à l'homme que la perte de son honneur. L'amour-propre et la dignité de l'homme blessés se guérissent souvent moins vite que des douleurs plus vives et plus cuisantes. Je n'ai à ce sujet rien de nouveau à vous dire, et je ne connais pas de meilleurs conseils que les suivants, qui se trouvent dans l'*École des mœurs*, ouvrage que tout le monde devrait lire.

« La calomnie vous attaque-t-elle dans ce que vous avez de plus cher, en répandant son venin sur votre réputation, et en s'efforçant d'en ternir l'éclat? recourez à la résignation; armez-vous d'une patience courageuse, c'est le remède le plus sûr contre la calomnie. Le temps, tôt ou tard, découvrira la vérité. En attendant ce moment marqué par la Providence, quand le monde entier serait déchaîné contre vous, n'avez-vous pas une ressource bien consolante dans le témoignage de votre conscience?...

« Quand on parlait mal de Socrate, il disait:
« Si le mal qu'on dit de moi est vrai, cela ser-
« vira à me corriger; s'il ne l'est pas, cela ne
« me regarde point, car ce n'est pas de moi
« qu'on parle. » Sa femme se plaignait de ce qu'il avait été condamné injustement à mort :
« Voudriez-vous, lui dit-il, que ce fût avec
« justice? »

« Jules César et Auguste, dit Tacite, souffrirent, sans en témoigner de l'émotion, les poésies insolentes de Bibaculus et de Catulle, et ne daignèrent pas s'abaisser jusqu'à prendre le soin de les supprimer. «Et certes, ajoute
« ce judicieux historien, j'aurais de la peine à
« dire ce qu'ils firent éclater davantage en cela,
« ou leur modération, ou leur profonde sa-
« gesse: car si l'on méprise ces sortes de choses,
« elle tombent dans l'oubli et s'anéantissent;
« mais si on les relève et qu'on s'en pique,
« c'est paraître en avouer la vérité. »

Les hommes attachés sans mesure aux avantages matériels de la vie, sont toujours très-sensibles à la perte de leurs biens; et, je le puis dire sans crainte d'être contredit, nul homme raisonnable n'y est insensible, car les pertes que nous éprouvons ainsi, lors même qu'elles ne nous plongent pas dans la misère, nous imposent des privations d'autant plus pénibles que nous n'y sommes pas habitués.

Mais je ne comprends guère que pour des pertes réparables et partielles qui les atteignent dans leur fortune, des hommes qui doivent avoir de l'âme et du courage, s'affligent jusqu'aux larmes, et parfois même jusqu'au désespoir : je plains ces hommes et ne puis les estimer.

J'ai peu de chose à dire sur la perte des biens et sur les malheurs qui peuvent vous arriver dans le commerce; je ne puis que vous répéter ce que je vous ai dit au sujet des autres malheurs : « Considérez ceux qui sont aussi infortunés ou plus infortunés que vous.»

Le médecin prudent, non-seulement sait appliquer les remèdes à propos, mais il s'attache encore et surtout à prévenir les rechutes, par un régime sain et convenable. D'après cette marche très-sage, qui s'applique également aux maux causés par la fortune, vous reconnaîtrez que la prudence la plus parfaite doit vous guider dans vos opérations et dans le placement de vos marchandises.

Que l'espoir d'un très-grand gain ne vous fasse pas vendre à des gens dont vous ne connaissez pas la solvabilité. Il vaut mieux vendre moins, et gagner moins sur ses ventes, que de se lancer dans de grandes affaires, et de s'exposer à des pertes cent fois plus importantes que les bénéfices qu'on espère. Les acheteurs bien solvables donnent ordinairement peu de lucre, mais ce sont les seuls qui en donnent certainement, et ce sont les seuls qu'il faut chercher, trouver, cultiver et conserver, car ce sont les fontaines intarissables qui nous alimentent et qui font les grandes rivières. Donc n'accordez qu'un crédit très-limité, et faites en sorte que votre fortune ne soit pas dans quelques mains seulement, mais bien plutôt dans un grand nombre. En suivant cette maxime, vous gagnerez autant, et plus même, par la comparaison des prix que vous obtiendrez, par le choix que vous ferez parmi les acheteurs, et vous serez certainement beaucoup moins exposés.

Je termine cet article par un conseil que je vous recommande expressément : c'est de ne point vous glorifier de vos bénéfices, ni vous plaindre de vos pertes; il est plus sage, au contraire, de ne pas dévoiler ses affaires, si ce n'est *peut-être* à quelques amis. Se vanter de faire un commerce lucratif est toujours ridicule, et souvent préjudiciable ; se plaindre de ses pertes ou des faillites qu'on a éprouvées dans le commerce, ce n'est pas le moyen de réparer le mal, mais plutôt de le rendre plus sérieux.

Voyez quels soins, quelles précautions vous devez prendre pour bien acheter, bien placer vos marchandises, et bien réussir dans les affaires. Si vous faites de grosses pertes, c'est pour vous un triple malheur : vous perdez avec votre fortune l'estime de la plupart des hommes, et souvent votre crédit ; aussi injustes que faciles à se laisser éblouir par des succès brillants, les hommes n'accordent leur estime qu'aux gens heureux qui réussissent ; il est presque toujours sous-entendu qu'un homme infortuné est un sot ou un maladroit. Si quelques rares personnes s'approchent du malheureux, c'est avec une figure austère et longue, sinon méprisante, du moins indifférente ; plus de considération, peu d'égards, moins d'attentions.

Mais si la fortune vous est favorable, si vous réussissez dans vos entreprises, quelle différence, grand Dieu! dans l'aspect des personnes qui vous rencontrent ou qui vous entourent!

avec des figures larges, épanouies, on vous prévient, on vous salue, on vous parle, on vous félicite, on vous sourit gracieusement : c'est la différence de la tristesse à la gaieté, de la nuit au beau jour.

Voilà les conseils que la sagesse humaine suggère à ma tendresse, à mon amour paternel ; mais ces conseils, qu'un zèle ardent m'inspire, ne sont qu'un faible calmant en comparaison des remèdes, des vraies consolations, des récompenses enfin que la religion prodigue au chrétien malheureux. Les éléments de la doctrine chrétienne, que vous connaissez dès votre enfance, joints à la lecture de l'*Évangile* que je vous recommande, vous apprendront cette vérité beaucoup mieux que moi.

Que la raison et la sagesse humaine sont faibles et petites, aux yeux du philosophe et du vrai chrétien, près de ces promesses consolantes de l'Évangile ! Heureux les affligés, bienheureux ceux qui souffrent, etc. [1]; et Jésus-Christ lui-même, en buvant son calice jusqu'à la lie et en souffrant jusqu'à la mort, donne en même temps les préceptes et l'exemple !...

.... On coule légèrement, sans doute, sur ces maximes, sur ces promesses, dans la pros-

---

1. Voy. saint Matthieu, chap. v.

périté; ou bien on les oublie, on les perd, en quelque sorte ; mais dans l'adversité, lors même que la foi vacillante ou presque éteinte ne laisse plus paraître que de rares et incertaines lueurs, on les retrouve, et souvent, hélas! on ne retrouve plus qu'elles. Aussi les hommes pieux, les vrais chrétiens, sont-ils moins sensibles à la mort de leurs proches et aux peines de toutes sortes, que les mondains et les gens sans religion; la mort est irréparable, tout est perdu pour ces derniers; pour le véritable chrétien, au contraire, la vie et la mort ne sont qu'un passage rempli d'épines, pour arriver à la félicité suprême, au bonheur éternel.

> Il dit : « Dieu nous éprouve, et ce séjour mortel
> N'est qu'un passage étroit vers un monde éternel.
> Nous souffrons ici-bas des douleurs passagères :
> Le trépas est un bien qui finit nos misères. »

C'est ainsi qu'après leur mort, le chrétien voit en perspective, dans une autre vie, ses amis, ses enfants, une épouse chérie; et que, dans son espoir, il lui semble goûter en leur compagnie des plaisirs sans mélange, des jouissances infinies, un bonheur inaltérable.

Le mal est à côté du bien partout, dans l'ordre physique et moral, et dans toute la nature. Un avantage bien sensible des souffrances et des peines, c'est qu'elles corrigent fréquemment nos défauts et nos vices.

Non-seulement la prospérité nous enfle le cœur et nous rend présomptueux, mais encore, jointe à la santé, elle nous procure les moyens de satisfaire nos passions, sous toutes les formes et de toutes les manières; puis elle nous éblouit, nous aveugle et parfois nous précipite; alors l'adversité nous rend le bon sens que nous avions perdu, et souvent même, en nous éclairant, nous inspire une plus pure sagesse. Combien d'hommes semblables à Goëthe ont été rendus sages et pieux par les souffrances et l'adversité!

DE LA

PERFECTIBILITÉ

DE L'HOMME.

(Mai, Juin, Juillet 1848.)

L'ÉDUCATION SECONDAIRE APPLIQUÉE SANS CHOIX A LA CLASSE INDIGENTE, LE COMMUNISME ET LE SOCIALISME NE RENDRAIENT PAS L'HOMME PLUS PARFAIT. — MOYENS DE LE PERFECTIONNER AUTANT QU'IL EST POSSIBLE.

Dans l'état actuel de nos connaissances et dans l'âge présent du monde, l'homme est-il indéfiniment susceptible de perfectibilité intellectuelle et morale, ainsi que le prétendent Condorcet, Mme de Staël et la plupart des écrivains de nos jours? Ou bien, l'intelligence, la raison, la sagesse humaine n'ont-elles pas été les mêmes, à peu près, depuis deux mille ans; et les faibles différences que l'on remarque entre les anciens et les modernes (à l'avantage de ces derniers), en morale, en politique et en législation, ne sont-elles pas dues spécialement aux principes de la morale chrétienne, et un peu, j'en conviens, à l'expérience acquise par l'histoire de près de trente siècles? C'est ce que je me propose de considérer et d'examiner brièvement, en exposant sans partialité les principales raisons de mes adversaires, et en établissant mes opinions sur des faits qui seront, il me semble, des preuves irrécusables.

Avant d'entrer en matière, je vais donner à mes lecteurs quelques explications nécessaires pour éclairer mon sujet, afin de me faire bien comprendre et de faire connaître exactement ma pensée.

Dans ma conviction bien arrêtée, la question de la perfectibilité de l'homme est soumise elle-même à la question de savoir si le christianisme sera mieux connu et mieux pratiqué par nos descendants qu'il ne l'a été par nos ancêtres et par nous-mêmes, et si l'intelligence et la mémoire de l'homme, stimulées par l'amour des connaissances et guidées par l'esprit raisonneur et philosophique qui dorénavant ne s'éteindra plus, trouveront pour éclairer leur sagesse et fonder leur jugement des éléments plus complets que les leçons consignées présentement dans l'histoire, et que tout ce que nous avons vu, lu et entendu nous-mêmes depuis soixante ans : c'est ce qui me paraît aussi difficile qu'incertain. C'est pourtant sous ce masque trompeur du progrès qui sourit, que se cachent l'orgueil, l'ambition et la plupart des mauvaises passions de l'homme : telle est la plaie de notre âge. Sous le prétexte spécieux d'améliorations, on veut dire et faire autrement que ses devanciers; on veut même changer la forme du gouvernement, sans s'embarrasser si les choses en seront mieux, et si la société, la vérité, la justice n'en seront point blessées. En suivant ce principe, ou plutôt cette voie, on remplace souvent ce qui est bien par ce qui est mal, ce qui est praticable et pratiqué par ce qui ne l'est pas. Et qu'arrive-t-il alors? La confiance dans les affaires se perd, les fonds baissent, les magasins s'emplissent, les bourses se vident : l'argent disparaît. Excité et trompé par des ambitieux, le peuple change ses maîtres riches pour des maîtres pauvres, et ne voit de progrès que dans sa misère[1]; la société s'en trouve ébranlée jusque

---

1. Pauvre John Bull de la France ! Seras-tu toujours aveugle, ne pourra-t-on jamais te dessiller les yeux ? Quoi ! tu as donc oublié les plaintes de tes pères, qui répétaient

dans les fondements; mais qu'importe à nos utopistes? ils font du bruit et se font remarquer; ils font fortune, parfois, en remplaçant les vrais politiques qui pensaient et agissaient autrement : c'est le fin mot de la chose¹.

Du reste, il faut bien distinguer. S'il est incontestable que, grâce à l'invention de l'imprimerie et de la boussole, l'invasion des barbares et l'incendie d'un nouvel Omar ne pourront plus anéantir les travaux de l'esprit, et nous ramener à la barbarie; s'il est encore bien certain, par la même raison, que la connaissance des choses de la nature en général, et des arts mécaniques en particulier, ira indéfiniment en progressant et qu'il se fera de nouvelles découvertes; il n'est pas moins certain que, dans la classe prolétaire spécialement, il n'y a pas de progrès remarquable dans l'homme, bien au contraire. Cela tient à ce que les besoins et les passions qui le poussent sans cesse, et le dirigent même à son insu, augmentent, en général, avec ses connais-

dans leur détresse : « En voilà un qui est gras, on va le remplacer par un maigre, et c'est nous qui les engraissons! »

1. Les réflexions que je fais ici sur nos charlatans politiques, peuvent s'appliquer aussi à certains demi-savants, et plus souvent encore à nos médecins charlatans.

sances et ses lumières ; le nombre des hommes instruits s'accroît, mais les places qui pourraient leur offrir un débouché sont trop peu nombreuses; plus souvent encore le désordre de la conduite, ou le manque de talents suffisants, diminuent les moyens d'existence, qui se trouvent alors en sens inverse de l'étendue et du degré de l'instruction.

En conséquence, semblable à cet arbre mystérieux dont parle la Genèse, la science produira de bons et de mauvais fruits, la connaissance du bien et du mal.... Une culture bien soignée et bien appliquée adoucit certainement l'amertume de quelques mauvais fruits, mais elle fait croître et grandir également la ciguë, l'ivraie, et toutes les plantes vénéneuses, nuisibles ou parasites. C'est pourquoi le caractère très-mauvais et bien prononcé de certains hommes n'a jamais été changé, et probablement ne le sera jamais.

Je termine cette digression déjà trop longue, et je dis : Les partisans du progrès indéfini appuient principalement leur opinion sur la différence intellectuelle et morale qui existe, disent-ils, entre le peuple français, qui est le plus civilisé du monde, et d'autres peuples de l'Europe qui, dit-on encore, le sont moins ; tels que les Russes par exemple. Enfin on nous offre pour comparaison le même peuple, mais considéré à différents âges, et par conséquent à différents degrés d'instruction : je veux dire le peuple français de 1789, et celui de 1848. Je me dispenserai volontiers, et on m'en saura gré peut-être, de mettre en parallèle avec les Français de nos jours les autres peuples de l'Europe, même les Finnois et les Russes, parce que les éléments ne seraient pas les mêmes, et que la différence des races entraîne celle des caractères. Mais pour fixer mon jugement avec plus de certitude, j'établirai la comparaison entre les Français de 1789 et ceux de 1848, entre la première et la dernière révolution, considérées dans leurs manifestations populaires, d'autant plus que j'en ai été le témoin ou le contemporain, et que durant cet espace de soixante années, les caractères et les esprits, agités, développés, exercés, ont été mis à découvert dans toute la vérité de la nature.

Je demanderai d'abord aux partisans du progrès : si, aux deux époques ci-dessus indiquées, les mêmes causes avaient existé, n'auraient-elles point produit les mêmes effets? c'est ce qu'il faut examiner.

En 1789, les prérogatives de la noblesse, les restes de servitudes, plus apparentes que réelles peut-être, qui pesaient sur le peuple des campagnes, les dîmes prélevées par le clergé, etc., tous ces droits ou abus, comme on voudra les qualifier, sanctionnés en quelque sorte par la possession et par le temps, avaient pris des racines profondes; arrachés plutôt qu'abolis par la constitution de 1789, ils étaient, certes, bien capables d'exciter des passions mutuelles d'autant plus violentes que les deux partis se croyaient opprimés réciproquement. Les prétendus affranchissements opérés en France par la révolution de 1789 produisaient, sur les esprits enflammés par les démagogues, des effets analogues à ceux qui ont eu lieu dans nos colonies en 1794 et en 1848, lors de l'affranchissement des noirs, c'est-à-dire des réactions destructives, violentes et sanglantes.

D'ailleurs il est reconnu que tout le sang répandu dans la première révolution ne l'a pas été de fait, ni d'intention, ni même d'inclination, par la centième partie du peuple français; mais bien plutôt par l'ambition de quelques chefs de parti, tels que Marat, Robespierre et Danton, qui, n'ayant pas, comme César, Cromwell et Bonaparte, la force militaire en main, voulaient arriver à la dictature par un régime de terreur qu'ils déguisaient, pour flatter et entraîner la plus vile populace, sous les beaux noms de Bien public, de Liberté, d'Égalité et de Fraternité.

Le serment exigé imprudemment des prêtres en 1792 fut encore une des causes principales d'irritation, et même la plus forte en certaines contrées.

Enfin remarquez bien encore, à l'appui de mon opinion, que la dernière révolution a eu lieu sous le gouvernement le plus libéral en réalité, le plus modéré, le plus juste qui ait peut-être jamais existé. Cette remarque importante, il me semble, d'après ce que j'ai dit précédemment, doit être d'un grand poids pour décider la question dont il s'agit; car, semblable à un corps d'une élasticité puissante, plus le peuple est opprimé ou comprimé, plus sa réaction est prompte et violente lorsqu'elle éclate.

Mais en l'absence des causes ci-dessus indiquées, qui certainement n'existaient plus en 1848, examinons les principaux effets de cette dernière révolution sur le peuple de Paris qui l'a faite, et jugeons par sa conduite et par ses actions l'intelligence et la moralité de ce peuple, ainsi que ses progrès depuis soixante ans [1].

---

[1]. Je ne dis rien et j'ai peu de chose à dire de la révolution de juillet 1830. La majorité de la nation, dont l'amour-propre était blessé par la domination à peine déguisée des puissances étrangères, et par les ordonnances de juillet, avait ainsi un double motif pour faire cette

Sans parler des assassinats, au nombre desquels se trouve celui de M. Jolivet; en février, lors de la révolution de 1848, le peuple de Paris, qu'on dit le plus éclairé et le plus civilisé du monde, brûle ou détruit les meubles de Louis-Philippe, pille les Tuileries, et s'il n'y met pas le feu, ce n'est que par une cause indépendante de sa volonté.

A Neuilly, où les moyens de répression manquent, il brûle la maison du roi et ses dépendances, pille, brise ou brûle les monuments des arts qu'elle renfermait. Sans aucune provocation, poussé par le génie du mal et de la destruction, ce peuple *sublime de grandeur*, de générosité, de magnanimité, comme on l'a qualifié tant de fois depuis quatre mois, pille et embrase de fond en comble la maison de M. de Rothschild à Suresnes. Les embarcadères, les ponts et les chemins de fer auraient subi le même sort, si leur destruction eût pu s'opérer aussi vite; les bras nus et les mains sanglantes, le fer et le feu ont été mis en

révolution; elle avait aussi un but, elle fut dirigée avec prudence et sagesse, par des hommes capables, vers le but qu'elle se proposait, et ce but fut atteint. Les principaux acteurs de ce grand drame étaient des hommes pleins d'expérience, de vrais hommes d'État; quelques-uns même de véritables grands hommes : la postérité les jugera.

usage pour y parvenir, et quoique arrêté presque dès sa naissance, le mal est tellement grave, qu'il faudra des travaux immenses et suivis durant plus d'une année pour réparer les désastres.

Ce peuple est tellement aveugle, et comprend si peu le progrès (mot banal qui m'écorche les oreilles), qu'il a incendié plusieurs mécaniques, et les aurait peut-être brûlées toutes, si l'on ne se fût mis sur ses gardes, si l'on ne s'y était opposé par la force, et si l'on ne s'était empressé d'y planter des drapeaux [1].

Ainsi le peuple sans frein, recruté de forçats, de repris de justice et de tout ce qu'il y a de plus vil dans l'espèce humaine, devient un despote redoutable.

Possesseur des douze millions de la liste civile, il ne veut plus travailler : les ateliers se

---

1. L'homme, qui est l'être le plus intelligent, est aussi le plus indigent, le plus délicat, le plus dénué des dons de la nature. Ingrate envers l'homme sous bien des rapports, elle ne lui accorde rien sans travail. C'est par son intelligence, son travail et ses soins qu'il peut se nourrir, se vêtir et satisfaire tous ses besoins. Donc, plus il trouvera de moyens pour accélérer ou abréger son travail, plus il fera d'ouvrage et par conséquent plus en général il sera bien nourri, bien vêtu et bien pourvu de toutes choses, et plus en outre il aura de temps (ce temps qui lui manque) pour s'instruire et cultiver son intelligence,

ferment. On lui dit et répète tous les jours, dans les termes les plus pompeux et sur tous les tons, qu'il peut tout, qu'il est roi, vainqueur, souverain. C'est ainsi que pour obtenir ses faveurs éphémères, de lâches adulateurs lui prodiguent plus de louanges qu'on n'en a jamais accordé au roi le plus absolu.

Mais s'il est flatté par des ambitieux qui veulent avoir des places, il ne l'est pas moins, peut-être, par certains politiques parvenus au pouvoir, qui, las de son despotisme et de son inconstance, craignent de lui servir de proie, et veulent enchaîner le lion pour ne pas être déchirés par ses griffes; car, on l'a fort bien dit, la démocratie, comme Saturne, dévore jusqu'à ses enfants.

C'est ainsi que nous avons traversé les troubles de mars et d'avril, et les bouleversements de mai si funestes au commerce; c'est à cette époque désastreuse que tant de banquiers

qui en tout et pour tout lui est d'un si grand secours. En conséquence, les procédés mécaniques, appliqués à tous les arts qui en sont susceptibles, sont aux yeux de l'homme qui réfléchit et qui pense la principale, et peut-être la seule cause sur laquelle les partisans du système progressif puissent et doivent fonder leurs espérances; parce qu'ils remplissent toutes les conditions requises pour arriver, autant qu'il est possible, au but tant désiré que nous avons indiqué précédemment. Voyez la note B, à la fin du volume.

gênés ou ruinés ont arrêté leurs payements, que tant de maisons de commerce ont croulé, et que d'honnêtes marchands se sont donné la mort, désespérés de ne pouvoir remplir leurs engagements; trimestre fatal où la France renversée marchait la tête en bas, et où le peuple, conduit par la démagogie, ne fut contenu qu'en partie, et par de ruineux sacrifices. C'est par cette voie douloureuse que nous arrivons à ces jours néfastes, à ces jours à jamais déplorables de juin 1848. Quels désastres, grand Dieu! quels massacres, quelle affreuse boucherie! ma plume se refuse à les décrire. Approchez, fameux socialistes, communistes, fouriéristes, et vous tous qui croyez au progrès moral de l'homme, chefs éclairés de l'opposition systématique (*h*), sublimes génies législateurs de février, vous tous qui trouviez si arriéré, si injuste, si mauvais le gouvernement de Louis-Philippe; vous qui l'avez critiqué, calomnié, chassé pour avoir sa place : a-t-il fait couler autant de sang durant dix-huit années, pour la gloire et l'honneur de la France, que vous en avez fait répandre durant trois jours, pour sa honte et son malheur? Venez contempler votre ouvrage, et dites-nous si vous êtes politiques, législateurs, philosophes, comme vous auriez dû l'être d'après l'engagement que vous avez pris, ou bien plutôt si vous n'êtes pas semblables à des collégiens révoltés contre leur maître, dont les têtes pleines des républiques de Lycurgue et de Platon font de la politique par libertinage d'esprit, et du gouvernement comme on fait des châteaux en Espagne[1].

Le dégoût que j'éprouve à traiter ce sujet m'empêche d'exposer, pour les mettre en pa-

---

1. Je prie les personnes qui se trouveraient blessées, soit directement ou indirectement, par quelques traits lancés dans cet article, de bien se rappeler, d'après les dates mises en tête, qu'il a été écrit dans le temps le plus désastreux de la dernière république; je désapprouve actuellement le ton d'amertume et d'irritation qui règne dans cet écrit, qu'il me serait plus facile de supprimer que de corriger. D'ailleurs, tous les genres de fanatisme sont dangereux, et les fanatiques religieux n'ont pas mieux fait que les autres.

Au surplus, si, par un malheur que je ne prévois pas, le gouvernement de Napoléon III se trouvait renversé et remplacé comme celui de Louis-Philippe en 1848, je n'en serais pas moins fâché que je ne le fus alors au sujet de ce dernier; car nous devons être Français avant tout; conséquemment, respecter l'opinion de la majorité, et nous y conformer. Du reste, que voudrions-nous et que pourrions-nous trouver de mieux? Le gouvernement de Napoléon III, par sa guerre d'Italie, par ses liaisons avec tous les gouvernements libres, par la permission qu'il accorde dans les journaux de contrôler consciencieusement ses actes, en disant le bien et le mal qu'on y remarque, afin de s'éclairer, de se perfectionner et de nous

rallèle, tous les faits populaires qui se sont produits dans la première république, ni même tous ceux de la dernière. L'histoire, d'un côté, et les journaux depuis trois mois, de l'autre, ont mis à portée de le faire tout homme studieux qui n'en a pas été témoin et qui voudrait les comparer [1]. Je ne citerai que deux faits pris dans l'une et l'autre de ces révolutions, qui feront voir, en général, le caractère moral du peuple aux deux époques précitées, donneront l'idée simplifiée de ce qui s'est fait, et seront loin, je pense, de prouver le progrès tant vanté, surtout si l'on considère que les causes d'irritation qui existaient en 1789 étaient bien affaiblies, ou même n'existaient plus en 1848.

Dans la première révolution, de 1789 à 1793, la populace, exaspérée par les démagogues, outrageait ses ennemis, ou soi-disant tels, et les pendait aux lanternes. Celle de 1848, en retour de la nourriture que nous lui donnons

---

accorder ensuite cette liberté, sans licence, que nous cherchons depuis longtemps, me satisfait complétement et doit satisfaire tout homme impartial, qui ne veut que le bien et la prospérité de sa patrie.

1. Les massacres de septembre 1792 accomplis par environ 300 individus de la lie du peuple et les assassinats juridiques de Robespierre sont ce qu'il y a eu de plus sanguinaire, de plus révoltant et de plus funeste dans la première république.

et de nos soins fraternels, nous pend par les pieds, leurs femmes nous mutilent, et de nos têtes ils font des lanternes. Dites-nous, socialistes, communistes, fouriéristes; et vous, respectables vieillards, nobles débris de nos phalanges démocratiques, disciples de Marat, Robespierre ou Babeuf; vous tous, peut-être, qui l'avez expérimenté dans la première et dernière république, le progrès des lumières est-il donc bien sensible? Vos lanternes de juin, plus économiques, sont plus rares encore et plus distinguées, j'en conviens; mais je vous demanderai avec l'abbé Maury : « Y voyez-vous plus clair? »

D'après les faits cités ou indiqués précédemment, si la dernière république eût existé plus longtemps; si les démagogues, durant son existence, avaient eu le champ libre pendant cinq années, comme dans la première révolution de 89 à 94, et que, comme alors, les clubs n'eussent été ni surveillés, ni réprimés, il me paraît très-certain, si l'on tient compte de ce qui s'est fait durant les trois derniers mois, et toute proportion gardée, que la populace n'aurait pas été moins sanguinaire en 1848 qu'elle ne le fut en 1789 et dans les cinq années suivantes; quoique les causes d'irritation fussent certainement moins fortes et que les acteurs de ce drame eussent l'expérience de leurs pères dont un grand nombre vivaient encore, et dont plusieurs combattaient avec eux. Si, après la nature, qui a la plus grande part d'influence, ce sont l'expérience et l'éducation qui nous donnent la prudence et la sagesse, comme il est incontestable, à quelle époque de l'histoire a-t-on jamais vu l'éducation et les lumières aussi répandues que de nos jours? et a-t-on jamais vu, soit en France, soit dans tout autre pays, un espace de soixante années plus rempli de faits, d'essais de gouvernements, de révolutions de toutes sortes? Disons-le donc avec confiance, ce n'est pas, en général, l'expérience et les lumières qui nous manquent; si le peuple de nos jours n'est pas modéré, prudent et sage, c'est qu'il ne l'a jamais été et ne le sera probablement jamais [1].

Mais on peut revenir à la charge et me dire : « L'éducation et les lumières qui en résultent pourraient être plus répandues dans la classe populaire, et le sage gouvernement qui nous régit se propose, dans sa paternelle sollicitude, d'initier le peuple à tous les degrés de la

[1] C'est dans les grandes villes, et nommément à Paris, qu'il y a le plus d'écoles gratuites, d'instruction et de civilisation ; et c'est dans ces villes qu'il se commet le plus d'immoralités, d'injustices, de crimes atroces de toute espèce. Est-ce l'éducation qui manquait aux Cartouche, aux Lacenaire, aux Praslin, etc., etc. ?

science et de le rendre, *s'il est possible*, aussi savant, aussi éclairé et aussi sage que le sont la plupart de ses membres. »

Du moins est-il certain, d'après ses décrets ou ses bulletins, que les pères et les mères, au nom de la liberté, seront forcés d'envoyer leurs enfants à l'école. Alors l'instruction primaire et supérieure, à tous les degrés, leur sera donnée gratuitement.... C'est une promesse, selon moi, plus brillante que solide, plus trompeuse qu'avantageuse, quand même on pourrait la remplir. L'avenir nous l'apprendra.

En attendant, supposons que nos fameux *Lycurgues* puissent parvenir à rendre le peuple de nos villes et de nos campagnes aussi éclairé, aussi désintéressé, aussi ami de l'ordre et d'une sage liberté que tous nos philosophes, nos publicistes et nos journalistes considérés dans leur ensemble [1], et, pour nous faire une idée

---

1. Cela ne doit pas s'entendre d'une manière absolue; il y a d'honorables exceptions. Du reste, notre idée ne serait pas moins juste si nous prenions nos exemples plus haut, si nous supposions que par l'éducation générale des peuples, à tous les degrés, les gouvernements fissent de petits Voltaires, de petits Jean-Jacques, de petits Diderot, de petits Helvétius, etc.; tant il est vrai, en général, que sans la foi religieuse le sens moral se rétrécit à mesure que les idées s'élargissent; la distinction ou perception du bien et du mal s'obscurcit à mesure que l'intelligence s'ouvre et s'éclaire. Bien entendu qu'il y a des exceptions.

du résultat, voyons en perspective nos trente-cinq millions de petits Raspail, de petits Rattier, de petits Flocon, de petits Proudhon, de petits Pierre Leroux, de petites Dudevant, de collégiens de toutes les classes, de femmes savantes de toutes les sortes, dont plus de vingt millions de ces individus occupés des soins matériels de la vie, les uns d'arts mécaniques, de menuiserie, de charronnage, de tissage, de fabrications de toute espèce; les autres en plus grand nombre du ménage, du soin des enfants, des malades, des animaux, etc., ou travaillant quatorze heures par jour, exposés aux inclémences de l'air, aux intempéries des saisons, couverts de neige ou de pluie, transis de froid ou brûlés par les feux du soleil, et ne jouissant pour tout bien ou salaire que d'un revenu moyen de un franc vingt-cinq centimes à un franc soixante-quinze centimes par jour, selon que les principes du communisme seront plus ou moins appliqués à la société. Encore faudrait-il sur ce salaire prendre sa nourriture, celle de sa femme et de ses enfants, et les vêtements qui leur sont nécessaires à tous.... Voyez, imaginez dans cette occurrence la contenance, la mine que ferait Proudhon lui-même dans sa haute sagesse [1].

1. Que dis-je?. Proudhon est un des apôtres du com-

Je ne sais ce que le lecteur pensera d'un tel ordre de choses, s'il pouvait se réaliser ; mais,

munisme, il en serait peut-être à l'occasion le confesseur ou le martyr : car de nos jours, combien la fausse gloire, combien l'envie de se distinguer a fait dire et faire de folies ! Donc, si un tel sentiment peut agir sur un chef de secte tel que Proudhon, jusqu'à lui faire souffrir des tourments ou la mort, à plus forte raison pourrait-il l'engager à de moindres sacrifices : je veux dire à se soumettre au régime sévère du communisme, qu'il prêche et qu'il vante dans ses ouvrages. Mais cet exemple, s'il le donnait, serait-il suivi par un grand nombre de ses disciples ? Nous ne le pensons pas, bien au contraire ; car l'amour de la gloire, quel qu'il soit, ne serait pas suffisant pour déterminer tous ces hommes subalternes et sensuels. D'ailleurs, quoiqu'ils aient fréquemment le nom du Christ à la bouche, la foi, l'abnégation de soi-même, l'humilité chrétienne leur sont inconnues. Ainsi l'amour-propre humilié par la triste égalité, le sentiment de leur dignité dont ces messieurs sont pénétrés, s'y opposeraient victorieusement ; ils trouveraient plus sage et plus digne de leur philosophie d'aller dans les pays étrangers, comme le père *Enfantin*, prêcher leur doctrine à la populace fainéante, faire quelques dupes parmi les ignorants, et bien vivre à leurs dépens [*].

Du reste, l'amour de la gloire et de la renommée est un sentiment très-louable, sans doute, lorsqu'il est dirigé vers le bien public. Si tel est le noble mobile qui les conduit, j'en félicite les citoyens Proudhon, Pierre Leroux et compagnie ; mais dans ce cas douteux, ont-ils atteint le but qu'ils se proposaient ? Nous ne le pensons pas, bien

---

[*] C'est ce qu'a fait prudemment, depuis que j'ai écrit cet article, le citoyen Cabet, chef et caissier des Icariens.

quant à moi, je ne crois pas qu'il existe sur la terre une société plus désordonnée, plus anarchique et plus perverse que celle dont je viens de donner l'idée. Mais on me dira peut-être : « La critique est aisée et l'art est difficile ; la question est de mieux faire. Quels sont donc vos conseils, et quelle marche doit-on suivre, d'après vos principes, pour donner à l'homme une éducation favorable à l'individu et capable de consolider et de perfectionner les sociétés et les gouvernements qui partout s'agitent, s'écroulent ou chancellent? »

au contraire; ce qu'ils auraient de mieux à faire pour le bonheur du monde, serait d'imiter le philosophe Pérégrinus, leur illustre prototype, qui, pour se distinguer et propager le cynisme, se brûla publiquement durant les jeux Olympiques, en présence de toute la Grèce.

Chose étrange et bizarre ! Par un renversement de tous les principes, dont l'irréligion est la principale cause, il y a de nos jours, comme chez les anciens, des hommes inquiets, fantasques, insensibles au mal comme au bien, espèce de monstres plus dangereux que les lions et les tigres, qui, semblables à Érostrate, veulent, pour l'amour de la gloire, se faire un nom par des crimes inouïs! Que celui qui peut le comprendre le comprenne. O homme! abîme insondable d'orgueil, de faiblesse et de misère! tu as beau te débattre, te roidir contre ta destinée, sans la religion et les vertus qu'elle inspire, ta gloire, tes espérances, tes plaisirs, tes jouissances ne sont que poussière. Tout respire en toi l'imperfection, l'impuissance et la mortalité.

C'est une tâche bien trop forte et difficile à remplir pour un homme de ma faiblesse. Tant de savants célèbres ont traité ce sujet, que je devrais m'en abstenir, ou du moins ne l'aborder qu'avec crainte et défiance de moi-même.

Quoi! né dans un rang très-humble et très-modeste, sans nom remarquable dans les sciences et dans les lettres, oserais-je bien me prononcer sur un sujet aussi sérieux et contredire, en certains points, les opinions de MM. Pierre Leroux, Proudhon, de Lamartine, Arago, Garnier-Pagès et de tant de génies fameux, membres du gouvernement, appelés peut-être à changer les idées, les *destinées...*, les lois civiles et morales du monde!... C'est une hardiesse, j'en conviens, qui approche de l'audace; c'est pourtant ce que j'ose faire dans les quelques pages suivantes, et ce que je ferai encore, je l'espère, sur d'autres sujets.....

Ainsi nous, qui pensons que les révolutions subites conduisent à la licence et font le plus grand mal à l'espèce humaine, et qui, par ce motif, ne voulons pas y contribuer sans raisons, par ambition ou par inconstance; nous, qui croyons qu'en politique et en législation les changements, même les plus nécessaires, doivent se faire insensiblement et avec le moins de commotions possibles, nous ne serions pas moins circonspect au sujet de l'éducation; c'est ce que l'on va voir [1].

J'ai dit ci-devant, page 52, que c'est l'expérience jointe à l'éducation, et par conséquent les lumières qui peuvent, après la nature, donner la prudence et la sagesse nécessaires à l'homme comme individu, et à la société dans les rapports mutuels de l'homme avec l'homme. Pour que cette éducation ait de bons résultats, il faut distinguer dans sa distribution et dans

---

1. En bonne politique, les changements qu'il est utile d'apporter à la constitution d'un État dans le sens des libertés publiques, peuvent ou doivent être connus à l'avance des populations pour lesquelles on les fait, et s'opérer d'après l'esprit de la grande majorité, lentement, insensiblement, s'il est possible.

D'un autre côté, les révolutions utiles ou non que l'on veut opérer dans le sens contraire, doivent être d'abord tenues secrètes, bien préparées, et les moyens suffisants bien calculés pour en assurer le succès. Mais elles doivent se faire au moment fixé, aussi audacieusement qu'énergiquement et vivement. C'est le moyen le plus sûr de réussir et de répandre le moins de sang qu'il est possible, surtout lorsqu'on choisit le temps où le peuple fatigué ne demande que le repos.

La connaissance de l'homme et de l'histoire, qui doit servir de guide à cet égard, indique également cette marche. Les moyens lents ou demi-violents, tels que ceux employés par Charles X, en 1830, font répandre plus de sang, et très-souvent n'arrivent pas au but.

son application entre l'homme riche et le pauvre, l'homme de génie qui se rencontre quelquefois dans le peuple et l'homme du peuple sans talents remarquables et sans génie. Examinons successivement les trois classes de citoyens dont il s'agit, et tâchons de fixer les différents degrés d'instruction qu'il convient de leur donner, suivant leur fortune, leurs talents ou leur génie, afin qu'ils puissent arriver au plus haut degré de perfection et de bonheur possibles, tant pour eux-mêmes que pour la société qu'on ne doit jamais perdre de vue.

D'abord l'instruction secondaire ou complète convient plus ou moins à l'homme riche, suivant son goût, ses facultés et son talent, pourvu qu'il s'y modère. Cette instruction, basée sur la religion, développera sa moralité, et par conséquent lui apportera de nouveaux éléments de bonheur, quel que soit son degré d'intelligence. L'étude, à tous les âges, remplira le *vide* de sa vie, et, en charmant ses loisirs, elle le préservera du jeu (*i*), des mauvaises compagnies, et de la corruption des mœurs qui en serait la suite.

A l'égard des hommes de génie que l'on trouve quelquefois dans la basse classe et qui percent la foule, ils seront distingués facilement par les prêtres et les instituteurs primaires, ou plutôt ils se distingueront et feront en partie leur éducation eux-mêmes. Les protections et les encouragements leur ont rarement manqué depuis le siècle de Louis XIV, et c'est à leur éducation que le gouvernement fera bien de pourvoir; car de cette pépinière, peu nombreuse à la vérité, sortent quelques hommes d'un génie supérieur, dont l'éducation bien soignée et bien surveillée peut, suivant les circonstances, les conduire à la vraie gloire, et leur être en même temps très-utile, ainsi qu'à la société qui en ferait les frais.

Mais que l'ambition de plusieurs de ces hommes a fait de tort à la France! et que l'envie de se faire remarquer leur a fait dire et faire de choses étranges et funestes! c'est dans cette classe, et parmi les plus distingués par leur moralité, que se recrutent les évêques, les prêtres, et les frères directeurs des écoles chrétiennes, dont le ministère est si utile, et le nombre à peine suffisant pour l'instruction de la jeunesse, l'enseignement des bonnes mœurs et le service de la religion.

Viennent ensuite, dans la même classe, les jeunes gens qui se destinent à l'étude de la médecine et du droit, etc.; c'est surtout parmi ces derniers qu'il y a trop de demi-talents, et d'hommes médiocres sous tous les rapports. Combien d'avocats sans cause et de médecins sans malades! combien y en a-t-il qui ne retirent pas de leur profession l'intérêt des sommes qu'il en a coûté pour leur instruction?

C'est aussi dans cette catégorie, mais dans un ordre inférieur, que se trouvent compris une quantité de jeunes gens sans talents remarquables, dont l'éducation incomplète et mal placée ne produit que de mauvais fruits. Ces jeunes gens sans fortune, nombreux dans les grandes villes, et qui ne savent à quelle profession se vouer, n'ont pas même toujours des demi-connaissances : et quand ils les auraient, les demi-connaissances, dans la classe dont il s'agit, sont souvent plus nuisibles à ceux qui les possèdent, et à la société, surtout lorsqu'on les applique à la politique, que l'ignorance même accompagnée du sens commun.

Remplis, pour la plupart, d'orgueil, de présomption, d'ambition, de passions de toutes sortes, ces hommes égarent le peuple au lieu de le conduire, et bouleversent la société au lieu de la régir : « Ils font les entendus, dit Pascal, jugent mal et troublent le monde. » C'est surtout cette espèce d'hommes que notre gouvernement *dans sa profonde sagesse* a l'intention de former et de multiplier ; mais ces hommes en seront-ils, ainsi que l'espèrent nos législateurs, plus libres, plus parfaits, plus heureux? la société, et le gouvernement qui en est l'âme, en auront-ils plus d'éléments de paix, de solidité et de durée…?

Sans parler des maux de nerfs, qui sont souvent l'apanage des personnes qui s'appliquent à l'étude en dépit de la nature, ni des défauts de l'esprit et du caractère qui sont toujours la suite de ces maux, plus les hommes sans fortune et sans talents auront reçu d'instruction, plus ils auront de besoins et de passions à satisfaire, et, pour le plus grand nombre, moins ils auront les moyens d'y pourvoir et de les contenter. Démagogues à l'occasion, occupés de journaux, de politique et de littérature, dédaignant le travail et le commerce qui serait leur ressource et ferait leur bonheur, ils sont comme l'astrologue de la fable, dont les yeux fixés au ciel ne voyaient pas l'abîme dans lequel il se précipitait.

Ainsi, sensibles aux mêmes besoins que les riches et ne pouvant les satisfaire, partisans du communisme et du socialisme parce qu'ils ne possèdent rien, et qu'ils n'ont ni le talent de remplir une place, ni la volonté, ni le courage de travailler; en un mot, mécontents de la société telle qu'elle est, de leur position et d'eux-mêmes, l'esprit aigri et malfaisant de ces hommes est semblable à la mauvaise poudre à canon, dont la seule vertu est d'exhaler une fumée aussi désagréable que nuisible; elle n'est bonne que pour amuser les enfants et produire des incendies.

Je me résume enfin, et je dis qu'il en est de l'éducation dans sa distribution et dans son application comme de toute autre chose; l'usage adopté par la plupart des honnêtes gens, les plus instruits et les plus expérimentés, est très-souvent le plus convenable et le meilleur à suivre. Donc, la morale chrétienne, appuyée par la foi et par le bon exemple des professeurs, l'éducation des enfants bien dirigée conformément à cette morale; en un mot, l'éducation religieuse telle à peu près qu'on la reçoit dans nos écoles chrétiennes, dans nos colléges et dans nos séminaires; et proportionnée dans son genre et dans son étendue aux capacités naturelles des individus, appropriée à leurs goûts, à leur caractère, à leur fortune et à leur destination, produira, pour ainsi dire, tout le perfectionnement intellectuel et moral dont la nature humaine est susceptible [1].

Ensuite, lorsque ceux qui auront reçu cette éducation, entreront dans le monde (c'est le

---

1. Sauf à faire par la suite, d'après des réflexions bien mûries, et des expériences particulières répétées, les changements reconnus avantageux.

moment le plus critique de la jeunesse, celui qui demande la plus active surveillance); alors les bonnes sociétés, les bons exemples de leurs parents, surtout des beaux esprits et des personnes attachées au gouvernement; des récompenses à la vertu données à propos; de bonnes lois civiles et criminelles, contribueront puissamment à les perfectionner.

Mais ne vous y trompez pas, il en sera de la perfectibilité de l'homme comme de ses longues espérances.... Elles seront EN RÉALITÉ aussi vaines et trompeuses que flatteuses et séduisantes.

La plupart des ouvrages composés sur l'éducation vers la fin du dix-huitième siècle et depuis cette époque donnent, en général, de bonnes maximes sur l'éducation. Voyez entre autres : *Conseils d'un père sur l'éducation*, par M. Guizot; cet ouvrage excellent convient surtout aux élèves d'un talent supérieur, et de la première condition. — *Réflexions préliminaires sur l'éducation*; *École des mœurs*, tome Ier, surtout le modèle d'éducation suivi par Mme de Weymur, pour élever son fils et sa fille, page 76. — L'article *Éducation* du *Dictionnaire de santé et d'éducation* par Macquart, où l'on trouvera en peu de pages ce qu'il y a de mieux à faire pour nourrir et instruire, élever et former les enfants. Les conseils donnés dans cet article ont le double avantage d'être laconiques, et de convenir à toutes les classes de la société. Ce Dictionnaire, écrit durant la première révolution, n'a pas d'autres défauts, à mes yeux, qu'un cachet trop prononcé de philosophisme et d'irréligion, et encore n'est-ce que dans quelques articles assez rares. Dans tout le reste il est plein de bon sens, de sagesse et de raison. Du reste, dans l'article que j'indique, il n'est pas du tout question de religion. — L'*Éducation progressive* de Mme Necker est un excellent ouvrage; mais, comme celui de M. Guizot, il ne convient guère qu'aux élèves des premières classes de la société.

DE LA
DÉMOCRATIE PURE.

Janvier 1849.

LA DÉMOCRATIE PURE EST-ELLE LE MEILLEUR DES GOUVERNEMENTS POSSIBLES? — CE QU'EN PENSENT LES HOMMES RÉPUTÉS LES PLUS SAGES. — OPINION DE L'AUTEUR A CE SUJET.

Si l'on devait en croire certains théoriciens, la démocratie pure serait le gouvernement par excellence, le régime politique le plus favorable à la vraie liberté et aux progrès de toutes sortes : c'est une opinion, selon moi, que la raison et surtout l'expérience ne confirment pas, bien au contraire (*k*). Sans parler de l'épreuve que la France en a faite, par ses deux essais de république, les faits consignés dans l'histoire des gouvernements populaires sont là pour me servir de preuve, et porter la conviction dans l'esprit de la jeunesse qui veut franchement connaître la vérité.

C'est aussi l'opinion des plus grands hommes de l'antiquité, fondée sur l'expérience, l'étude et la réflexion. Homère a dit le premier, que je sache : « Les peuples sont heureux quand un seul les gouverne. » Platon, surnommé le divin, disciple de Socrate, et le plus célèbre philosophe de l'antiquité, dans ses conseils aux habitants de la Sicile, préférait la monarchie tempérée au gouvernement républicain. Eh! qu'on ne croie pas que ce soit par légèreté ou défaut d'expérience qu'il donne ce conseil. Né sous un gouvernement démocratique, le plus célèbre qui ait jamais existé, entraîné d'ailleurs par l'amour des connaissances et de la sagesse, il a voyagé chez les peuples les plus civilisés, les plus éclairés du monde; consulté les savants de la Grèce et de l'Afrique, de l'Égypte, de l'Italie, de la Sicile; vécu sous tous les gouvernements; disséqué la monarchie, si je puis ainsi dire, jusqu'à la cour de Denys, tyran de Syracuse ; ce n'est donc qu'après avoir examiné, médité, comparé, qu'il a fixé son jugement à cet égard (*l*).

Aristote, son disciple, riche de l'expérience

de son maître et de la sienne, regardait la monarchie tempérée, ou plutôt le gouvernement mixte, comme le meilleur des gouvernements possibles.

Les savants les plus distingués du dix-huitième siècle et de nos jours, tels que les Montesquieu, les Chateaubriand, les Guizot, etc., ont regardé la monarchie constitutionnelle et représentative comme le gouvernement le plus convenable à notre société actuelle, à l'âge présent du monde.

Il est bien vrai que quelques savants sans expérience, pleins d'admiration pour la raison de l'homme et de passion pour le progrès, et quelques demi-savants sans places, guidés par l'amour-propre, ou enivrés par les récits pompeux des historiens de Rome et d'Athènes, et par les rapports séduisants qu'ils ont entendu faire sur les républiques d'Amérique, ont rêvé la république en France, et nous ont imposé dans une circonstance fatale leurs rêves désastreux. Mais le résultat, quel est-il, grand Dieu? Il n'y a que les ambitieux satisfaits qui le trouvent favorable.

Encore si, en poursuivant leurs projets insensés, ils avaient imité la constitution de l'Amérique du Nord, modifiée par le vote à deux degrés restreint aux contribuables, tel que l'établit notre constitution de l'an III, sage combinaison d'un mécanisme philosophique, et fruit d'une expérience déjà faite sur le suffrage universel (*m*). Mais non, c'est la même expérience reconnue funeste qu'ils renouvellent, c'est l'influence pernicieuse de tout ce qu'il y a de plus bas, de plus vil, de plus pervers dans les grandes villes, en un mot, c'est un gouvernement radical qu'il leur faut. Non que les plus judicieux le trouvent approprié aux besoins, au bonheur de la France; mais ils l'adoptent parce qu'il les élève sur les bouillons de cette lie, et qu'ils espèrent être les rois ou pasteurs de la populace effrénée, lorsqu'elle sera fatiguée de son indépendance.

Témoin de nos révolutions depuis plus d'un demi-siècle, j'ai constamment reconnu que le despotisme de la populace est plus dangereux, plus sanguinaire et plus insupportable que le despotisme d'un seul, s'il n'est pas conquérant. La populace aveugle ou sans lumière qui, par sa position précaire, son ignorance, son défaut d'expérience, sert d'instrument à tous les ambitieux, ne connaît pas même ses intérêts, et fait trop souvent le mal pour le plaisir de le faire. Le monarque ou despote, au contraire, entouré de maîtres dès sa première enfance, est toujours éclairé; il sait très-bien que sa gloire et sa puissance dépendent essentiellement de la prospérité du peuple qu'il gouverne; par conséquent l'amour-propre, le mobile de tous les hommes, l'engage à protéger les arts et les sciences, l'agriculture et le commerce, qui font la gloire, la force et la prospérité des nations.

Tel fut Périclès, souverain par son talent. Tels encore César-Auguste, Léon X et Louis XIV. Dans le premier cas, la nation bouleversée marche la tête en bas; elle souffre, dépérit, s'avilit. Dans le second cas, les hommes et les choses sont naturellement à leur place; tout marche avec ordre et célérité; comme dans la fable des Dragons, toutes les queues suivent la tête.

Mais il y a de mauvais princes, des conquérants, des tyrans, et, par ce motif, je préfère de beaucoup, surtout pour un État comme la France, la monarchie constitutionnelle à peu près telle qu'elle a été établie par notre constitution de 1830. C'est en baissant le cens électoral avec prudence, et suivant l'opinion publique bien mûrie, jusqu'au minimum de trente à quarante francs, par exemple, que l'on pourrait obtenir le gouvernement le plus sagement constitué et le plus parfait qui ait peut-être jamais existé. Tel est celui de la Belgique.

La chambre des pairs et celle des députés, en représentant les diverses classes de la société et balançant les pouvoirs du monarque, assurent à tous la liberté et l'égalité devant la loi; la monarchie héréditaire, l'ordre, la solidité et la durée. La prospérité toujours croissante de l'Angleterre, qui est l'empire le plus florissant, le plus puissant, le plus riche du monde; celle de la France sous les deux monarchies depuis 1815, sont des faits évidents qui viennent à l'appui de la raison pour établir cette vérité.

Je dis plus. Malgré le système de perfectibilité indéfinie sur lequel, selon moi, on se fonde beaucoup trop, je ne pense pas, tout bien considéré, que la postérité puisse jamais mettre en pratique rien de mieux que ce gouvernement, surtout pour une nation industrieuse, riche et nombreuse. Car il est bien certain que la médiocrité des fortunes est l'état le plus favorable à la sagesse et à la vertu; que c'est dans cette classe, sortie du peuple en grande partie, que se trouvent le plus d'hommes actifs, prudents, modérés, et que, d'après le cens ci-dessus fixé, cette heureuse médiocrité produirait le plus grand nombre d'électeurs, et l'emporterait sur les grands et les riches, représentés d'ailleurs par la chambre des pairs[1].

Ainsi, je crois fermement qu'en fixant le cens électoral comme je l'ai dit précédemment, d'après la valeur actuelle de la monnaie, il existerait dans la nation entière, considérée individuellement et en corps, plus de vraie liberté et d'égalité devant la loi que ne lui en donne le suffrage universel tel qu'on l'applique en France depuis mai 1848. Sans parler de l'avantage qu'en retirent les charlatans politiques, ni des troubles qui en résultent dans les villes ou dans les lieux où il se trouve des chantiers d'ouvriers, je me tiens pour assuré que le suffrage universel augmente l'influence des gros manufacturiers, et surtout des grands et des riches propriétaires. Tout propriétaire ou manufacturier qui, par lui-même ou par ses fermiers, emploie cent ouvriers, par exemple, peut, suivant les circonstances, disposer du vote des trois quarts au moins; c'est alors que, par des voies directement contraires, l'aristocratie et la démocratie pure arrivent au même résultat en se donnant la main : les deux extrêmes se touchent.

1. Que ce soit un sénat ou une chambre des pairs, le nom ne fait rien à la chose. Mais dans tous les cas la licence de la presse doit être réprimée : tout mensonge est punissable et doit être puni.

Dans tous les cas, et dans tous les temps, même dans les temps futurs les plus reculés, soit monarchie représentative, soit république, que le peuple soit plus ou moins instruit, on ne passera pas, sans avoir à s'en repentir, les bornes fixées sur le cens par la constitution française de l'an III (1795), surtout si la presse est libre.

DE LA
DÉMOCRATIE
EN FRANCE ET EN AMÉRIQUE.

Septembre 1848.

LA FRANCE PEUT-ELLE SE GOUVERNER EN RÉPUBLIQUE, AINSI QUE LES ÉTATS-UNIS D'AMÉRIQUE?

Les partisans de la république démocratique nous vantent sans mesure la prospérité toujours croissante des républiques d'Amérique, et prétendent prouver par là que cette espèce de gouvernement est la plus naturelle, la plus favorable et la plus convenable à l'homme, dans tous les pays et dans tous les âges du monde.

Examinons sérieusement ces républiques tant vantées qu'elles ont séduit certains hommes de bonne foi, et voyons si elles sont aussi libérales qu'on le dit[1], et si la paix, la tranquillité, la vraie liberté sans mélange s'y trouvent plus qu'en Hollande et en Belgique, et y règnent toujours.

Je dirai d'abord que les républiques espagnoles et d'Haïti me prouveraient le contraire si je les suivais dans leurs vicissitudes; mais cet examen me mènerait trop loin, et passerait les bornes que je me suis prescrites. D'ailleurs ces révolutions funestes, ayant eu lieu de nos jours, sont bien constatées et bien connues de tout le monde.

Arrêtons-nous donc au gouvernement des États-Unis du Nord, comme étant le plus ancien, le plus prospère et le plus vanté, et voyons si les éléments propres à consolider une vraie démocratie se trouvent en France ainsi qu'en Amérique.

L'égalité dont on berce le peuple, et qui jamais n'a existé que sur le papier et sur les murs des édifices publics, est d'autant moins réalisable en France que l'ancienne et la nouvelle noblesse, très-nombreuse en ce pays,

---

1. Les républiques d'Amérique où l'esclavage existe, sont-elles des démocraties à la mesure de nos législateurs de février?... On éprouve un sentiment pénible lorsque l'on considère que les gouvernements si célébrés de Rome et de la Grèce, n'ont dû peut-être leur puissance qu'à l'esclavage d'une partie nombreuse de la population.

sont peu disposées à sacrifier leurs priviléges, qu'elles considèrent comme une acquisition ou un héritage légitimes, et dont elles prétendent jouir suivant les titres qu'elles possèdent.

Les souvenirs désastreux et sanglants de notre ancienne république ont aussi indisposé contre cette espèce de gouvernement la partie la plus notable et la plus sage de la nation. Aussi l'ensemble de la population française, mise en mouvement en février par une minorité aussi faible qu'audacieuse, n'a produit qu'une démocratie *monstre* dont l'existence est incertaine et souffrante, et la continuation impossible [1].

Mais les souvenirs fâcheux de notre ancienne république et l'existence des deux noblesses en France ne sont pas, peut-être, les plus grandes difficultés. Nous avons une classe nombreuse de prolétaires exposés à manquer d'ouvrage [2], et par conséquent des choses nécessaires à la vie. Si ce dernier cas arrive, et qu'il survienne en même temps une disette,

---

1. Cet article a été écrit plus de trois ans avant la révolution de décembre 1851. Un homme célèbre qui a lu cet ouvrage avant l'accomplissement de ces derniers événements pourrait en rendre témoignage.

2. Sans guerre ni révolutions d'aucune sorte, le trop-plein de marchandises fabriquées cause une crise commerciale tous les cinq à six ans.

que deviendrons-nous avec cette populace qui n'aura que des armes chez elle ? Je le demande à nos législateurs de février. En conséquence, si la révolution de février eût éclaté dix-huit mois plus tôt, je ne vois pas quels malheurs ne nous seraient pas arrivés. Aurions-nous pu tirer de l'étranger des milliers de navires chargés de grains, au milieu des fureurs d'une populace armée et de toutes les horreurs de la démagogie ?

Allez donc dire à la populace ameutée que les récoltes sont mauvaises ; que le gouvernement fait de son mieux pour alléger les souffrances du peuple ; qu'il sacrifie des centaines de millions pour faire venir de l'étranger son pain quotidien ; que l'assistance même à domicile est organisée, que des quêtes et des distributions sont faites par les grands et les riches de la manière la plus bienfaisante et la plus chrétienne, etc. Paroles et peines inutiles. Si vous n'êtes pas massacré, comme l'ont été l'archevêque de Paris et le général Bréa, au moins vous serez bafoué ou ne serez pas écouté ; on vous dira que le blé ne manque pas, parce qu'on en voit encore dans les halles ; que les riches veulent affamer le peuple ou le faire mourir de faim ; qu'ils font voyager le blé sur mer pour le rapporter pourri ; et autres propos aussi inconséquents qu'absurdes.

J'ai même entendu des docteurs populaires, des hommes qui ont reçu de l'éducation, tenir à peu près ce langage[1].

Voyez entre les États-Unis et la France quelle différence à cet égard; il n'y a chez eux jamais de disette. La population, comparée à l'étendue du territoire, est si peu nombreuse! on compte à peu près quatre habitants par kilomètre carré, et chez nous il y en a plus de soixante. Les bras leur manquent, et nous en avons trop....

Mais si chez eux la production était stagnante et que les ouvriers vinssent à manquer d'ouvrage, ce qui n'arrive presque jamais, le gouvernement pourrait leur dire : « Allez travailler dans les campagnes éloignées des villes, il y a de bonnes terres vierges qui demandent des bras pour les cultiver : on vous en donnera. — Mais, diraient-ils peut-être, nous n'avons pas d'argent pour faire les avances de la culture, et l'offre que vous nous faites devient

---

1. La populace ignorante, et qui ne raisonne presque jamais, surtout quand elle a faim, ne conçoit pas d'ordinaire que les navires chargés de grains, qui viennent souvent de plus de quinze cents lieues, font *eau* quelquefois par de gros temps, et qu'alors les blés emmagasinés à fond de cale mouillent, s'échauffent et pourrissent, sans que les marchands, contre leur intérêt, prennent plaisir à les faire pourrir et à les perdre.

illusoire par l'impossibilité où nous sommes d'en profiter. — Adressez-vous à des colons cultivateurs en grand ; si vous êtes travailleur, vous gagnerez de bonnes journées et pourrez vivre avec aisance. » Que peut répondre de raisonnable le prolétaire dont il s'agit? Il n'a pour ainsi dire qu'à partir et se mettre à l'ouvrage. Avons-nous en France de bonnes terres disponibles, et pourrions-nous en dire autant à nos pauvres ouvriers? Non, sans doute; et voilà le grand mal de notre démocratie française.

Ainsi, aux yeux de l'homme qui réfléchit, l'absence des deux noblesses dans les États-Unis, jointe au peu de population comparée à l'étendue du territoire, font disparaître deux causes fécondes de révolutions, et assurent au gouvernement, autant que sa forme le comporte, la prospérité longtemps croissante et la durée. Voilà le vrai *palladium* de l'Amérique[1].

---

1. La race anglaise, qui entre pour les sept dixièmes dans la population des États-Unis du Nord, inspire aussi, par son bon sens remarquable, l'esprit de prudence et de modération à l'autre partie hétérogène, qui afflue de tous les pays. C'est un avantage considérable dont sont privées les républiques de Saint-Domingue et de l'Amérique méridionale.

Du reste, je l'ai dit précédemment, cet espoir de pros-

Mais quelques jeunes raisonneurs me diront peut-être : « Si la France a une population nombreuse, exposée, par cela même, à manquer d'ouvrage et des choses nécessaires à la vie, elle est au moins, sous ce rapport, tout aussi bien et mieux partagée que l'Angleterre; car, continuent-ils, que le pauvre ait droit au travail et à l'assistance, comme le veut en France la Constitution, ou que vous le nourrissiez sans en prendre l'obligation envers lui, comme en Angleterre, cela revient au même, il faut toujours le nourrir. » Oui, c'est en apparence la même chose; mais, proclamer ce droit du peuple, c'est le rendre trop exigeant; c'est mettre dans quelques circonstances les armes aux mains de la folie qui a faim; de là des révoltes, des massacres; de là, en un mot, le bouleversement de la société tout entière[1].

Eh! que le peuple ne croie pas qu'en bou-

périté longtemps prolongé s'affaiblit tous les jours; et cela par les causes destructives qui naissent et grandissent avec les richesses et la population, ramas et rebut de toutes les nations.

1. Cela est tellement vrai que le prix du tissage a baissé de plus d'un tiers depuis 1847. Ainsi l'ouvrier, à qui l'on payait trente francs pour la façon d'une pièce, ne reçoit plus en 1848 que dix-huit francs, et les bénéfices du fabricant sont réduits dans une proportion encore plus considérable.

leversant ainsi le monde il en sera lui-même plus heureux ; bien au contraire, il sera la première victime,

> Semblable à cet aveugle en butte aux Philistins,
> Qui tomba sous les murs abattus par ses mains.

La France telle que la révolution nous l'a faite, l'Allemagne tout entière, l'Italie, la Sicile, pourraient également bien nous le prouver, s'il en était besoin.

D'après cette vérité bien reconnue, je considère l'Angleterre dans son ensemble comme le pays le plus prospère, le plus riche et le plus peuplé du monde ; et je dis : Si la démocratie pure, assaisonnée du communisme, s'établissait en Angleterre, ce serait fini de sa prospérité ; l'anarchie la plus complète la remplacerait, et tous les malheurs viendraient fondre sur elle.

DU SOCIALISME.

LES SOCIALISTES ET LES COMMUNISTES EN CONTRADICTION AVEC EUX-MÊMES, AVEC LA RAISON, LA RELIGION, LA JUSTICE, ET SURTOUT AVEC LA NATURE

Les citoyens Proudhon, Pierre Leroux et compagnie, en voulant établir l'égalité parmi les hommes et détruire la famille, sont en contradiction avec eux-mêmes, avec la raison, la religion, la justice, et surtout avec la nature.

Quoi! vous voulez établir l'égalité des hommes sur la terre, et la nature a fait tous les hommes inégaux? Vous luttez donc contre le cours ordinaire de la nature; y pensez-vous? Vos efforts funestes seront de plus impuissants; autant vaudrait vouloir faire remonter les fleuves vers leur source ou tenter de rajeunir la vieillesse.

En ruinant et abolissant par vos doctrines la propriété et la famille, vous êtes aussi contraires à l'instinct et aux sentiments de l'homme, qu'à sa raison et à sa liberté ; vous ôtez au génie ses ailes, à l'individu le courage et l'émulation, et vous arrachez le plus doux sentiment de son cœur.

Vos principes ne sont pas moins contraires à la justice et à la religion chrétienne que vous profanez, en la mêlant à vos absurdes doctrines. En effet, le divin auteur du christianisme n'a pas dit dans son Évangile : « Pauvres, élevez-vous, abaissez les riches et marchez à leur niveau ; la propriété, c'est un vol, etc. » Mais il enseigna des maximes directement contraires, et beaucoup plus sages et plus philosophiques, si je dois ainsi m'exprimer. Il dit : « Soyez justes, faites-vous humbles et petits sur la terre et vous serez grands dans le royaume des cieux. Bienheureux les doux, bienheureux les pacifiques, etc., etc. »

Les maximes du christianisme mises en pratique par la foi, en donnant la tranquillité, la paix sociale au monde, feront des sages et des heureux sur la terre autant qu'il est possible à l'homme de l'être ; vos maximes politiques, vos principes, vos exemples ne feront que des paresseux, des orgueilleux, des anarchistes et des misérables. Ne semez pas la discorde ni la misère, elles sont déjà trop communes et trop abondantes.

Si vous êtes en contradiction avec la religion, la justice, l'instinct de l'homme et la nature, vous ne l'êtes pas moins avec la raison et avec vous-mêmes. Vous voulez, en dernière analyse, établir l'égalité absolue, et vous jouissez de tous les avantages de la richesse; témoin Cabet avec ses Icariens. Vous demandez l'égalité des salaires, et vous décidez que nous devons vous payer, à vous, députés, vingt-cinq francs par jour, pour le temps même que vous passez aux soins de vos affaires, de vos intérêts et de vos plaisirs.

Non-seulement vous tenez à ce salaire qui est exorbitant d'après vos principes, mais encore vous paralysez la générosité des hommes bienfaisants, par un article particulier de votre constitution, d'où résulte que les députés riches ou désintéressés seront forcés d'accepter leur traitement de vingt-cinq francs. Cet article lui seul pourrait ouvrir les yeux de vos adeptes, si leur aveuglement n'était pas incurable.

Quoique dans le cours de cet ouvrage je me sois déclaré ouvertement, et vertement peut-être, contre le communisme et le socialisme, je prie Messieurs les communistes et socialistes de croire que ce n'est ni la vengeance, ni aucune autre passion qui me pousse dans cette espèce d'agression ; d'abord je n'en aurais aucun sujet, bien au contraire. C'est simplement l'amour de la vérité, de l'ordre et de la justice qui me guide, l'ardent désir de la prospérité des hommes.

En effet, j'ai peut-être autant à me louer des communistes et de la classe qui les recrute, que j'ai à me plaindre de quelques personnes d'une opinion contraire, à qui pourtant je n'ai fait aucun mal.... cela ne m'engage pas à écrire contre ma conscience ou contre ce que je crois être la vérité : *non pas cette vérité abstraite et destructive* dont on a si mal usé de nos jours; mais j'entends la vérité nécessaire et pratique qui protége et conserve, et qui dirigea la plume des Cicéron, des Bacon, des Buffon.

Quiconque dans ses pensées ne s'étudie qu'à contredire ses ennemis ; quiconque par ressentiment, par amour-propre blessé, bouleverse la société pour s'élever sur ses débris, est indigne de la confiance des honnêtes gens; et quelque talent qu'un tel homme ait d'ailleurs pour écrire, la postérité tôt ou tard l'oubliera ou le méprisera et le repoussera.

En conséquence, voulant être juste pour tous les partis et pour tout le monde en général, je ne dis point et je n'ai dit nulle part qu'il n'y a pas dans les disciples de MM. Proudhon et Pierre Leroux quelques hommes sincères et même quelques honnêtes gens ; il y en a dans tous les partis et dans toutes les sectes ; mais d'après la maxime fameuse du citoyen Proudhon : *La propriété, c'est un vol*, je suis autorisé à croire et à dire que le nombre de ces hommes égarés est peu considérable.

Toujours est-il certain que les apôtres de ces doctrines auront dans tous les temps pour auxiliaires et pour acolytes tous les hommes dont la fortune est en ruine ; tous les amis des nouveautés et les frondeurs des gouvernements, et tout ce que l'espèce humaine a de plus indolent, de plus fainéant, de plus vil et de plus pervers ; c'est ce qui nuira beaucoup à leur apostolat, et garantira de leurs erreurs les ouvriers laborieux, industrieux et honnêtes.

DES BONNES
ET
DES MAUVAISES LECTURES.

Janvier 1850.

DES BONNES ET DES MAUVAISES LECTURES EN GÉ-
NÉRAL, ET DES JOURNAUX DE L'OPPOSITION SYS-
TÉMATIQUE EN PARTICULIER ; CONSÉQUENCES DE
CES LECTURES.

Des bonnes et des mauvaises lectures dépendent souvent les mœurs, et plus souvent encore les pensées, les idées et les opinions du commun des lecteurs. L'homme qui ne lit qu'un journal, parle comme ce journal, et n'a que les opinions de son journal ; c'est un génie qui l'inspire [1].

[1]. Si, par l'éloquence d'un célèbre orateur, les notions les plus claires du juste et de l'injuste peuvent devenir obscures, incertaines ou confuses ; si, par les artifices

La plupart des journalistes écrivent en mercenaires, pour vivre et faire fortune ; parfois le matin pour les rouges et le soir pour les blancs ; c'est leur métier.

D'autres, et ce ne sont pas les plus humbles, sans négliger les vues mercantiles des premiers, écrivent en chefs de parti, et font, toujours par système, de l'opposition au gouvernement pour le renverser, afin d'arriver au pouvoir et à la fortune, seules divinités qu'ils adorent [1]. Ar-

de cette même éloquence, les faits les mieux prouvés par témoins peuvent être transformés ou tellement défigurés qu'ils soient à peine reconnaissables, même aux yeux d'hommes clairvoyants qui ont étudié l'éloquence et fait leur droit; en un mot, si une mauvaise cause plaidée par un homme de talent peut devenir bonne aux yeux de juges aussi éclairés qu'expérimentés, qui entendent plaider le pour et le contre : que devient la cause du gouvernement abandonnée aux rapports mensongers d'un journaliste rusé, qui, sous le masque trompeur du bien public, distribue à tête reposée les plus fausses maximes, et fait boire à longs traits à ses lecteurs, dans une coupe emmiellée, les poisons les plus subtils et les plus dangereux?

Et quand on considère encore que le peuple, qui est le juge du gouvernement dans cette occurrence, n'a souvent reçu aucune éducation, qu'il ne lit, presque toujours, que des journaux de l'opposition systématique, et qu'il croit d'après ces journaux être abusé, trompé, vexé par le gouvernement, on peut dire avec certitude que la cause du gouvernement est perdue.

1. Il y a d'honorables exceptions.

rivent-ils aux régions élevées du pouvoir ? c'est alors que leur rôle de critique si facile va changer. Une fois l'ambition et les autres passions satisfaites, ils deviennent stationnaires, ou plutôt rétrogades, si même ils ne sont aristocrates renforcés. Tels ont été, et tels sont encore MM. Thiers, Barrot et Baroche, etc. Tel a été et tel sera Marrast, s'il revient au pouvoir. Pauvre peuple que nous sommes! voilà comme nous servons d'instrument à tous ces ambitieux, voilà comme on exploite notre ignorance et comme on se joue de nos destinées!

Les neuf dixièmes des lecteurs populaires ne lisent que des journaux, et presque toujours de l'opposition systématique. On comprend facilement le résultat de ces lectures sur des hommes disposés à toutes sortes de passions, sur ces piliers de cafés, dont l'esprit satirique et jaloux est sans cesse alimenté par des feuilles incendiaires. Les bons auteurs tels que les Bacon, les Fénelon, les Buffon, stimulés par l'amour de la gloire, et guidés par l'espoir d'être utiles, ont écrit pour la postérité la plus reculée; la lecture de leurs ouvrages fait de vrais savants, des sages, des philosophes : peu de personnes lisent ces auteurs....

Beaucoup d'écrivains, sans doute, ont fait de l'opposition systématique, mais aucun, que je sache, n'a voulu justifier cette sorte d'opposition ni même en faire pour ainsi dire la théorie. Il était réservé à l'auteur du *Génie du Christianisme* de remplir cette mission dangereuse. Mais comment l'a-t-il remplie ? On en peut juger par les *Mémoires d'outre-tombe*, 7ᵉ volume, article délivrance du roi d'Espagne. Ma destitution. En voici quelques fragments :

« On avait compté sur ma platitude, sur mes pleurnicheries, sur mon ambition de chien couchant, sur mon empressement à me déclarer moi-même coupable, à faire le pied de grue auprès de ceux qui m'avaient chassé : c'était mal me connaître. Je me retirai sans réclamer même le traitement qui m'était dû, sans recevoir ni une faveur, ni une obole de la cour ; je fermai ma porte à quiconque m'avait trahi ; je refusai la foule condoléante et je pris les armes. Alors tout se dispersa, et le blâme universel éclata, et ma partie, qui d'abord avait semblé belle aux salons et aux antichambres, parut effroyable. Sans doute, avec du silence et de la modération (comme on disait), j'aurais été loué de la race en adoration perpétuelle du portefeuille ; en faisant pénitence de mon innocence, j'aurais préparé ma rentrée au conseil. C'eût été mieux dans l'ordre commun ; mais c'était me prendre pour l'homme que point ne suis ; c'était me supposer le désir de ressaisir le timon de l'État, l'envie de faire mon chemin ; désir et envie qui, dans cent mille ans, ne m'arriveraient pas.

« L'idée que j'avais du gouvernement représentatif me conduisit à entrer dans l'opposition. L'opposition systématique me semble la seule propre à ce gouvernement; l'opposition surnommée de conscience est impuissante. La conscience peut arbitrer un fait moral, elle ne juge point un fait intellectuel. Force est de se ranger sous un chef appréciateur des bonnes et des mauvaises lois. N'en est-il ainsi? Alors tel député prend sa bêtise pour sa conscience et la met dans l'urne [1].

« L'opposition dite de conscience consiste à flotter entre les partis, à ronger son frein, à voter même suivant l'occurrence pour le ministère, à se faire magnanime en enrageant; opposition d'imbécillités mutines chez les soldats, de capitulations ambitieuses parmi les chefs, etc. »

1. Ce chef appréciateur des bonnes et des mauvaises lois est souvent un orateur ambitieux, un chef de parti qui n'a ni amour du bien public, ni sagesse ni conscience, et qui ne voit au bout de son opposition qu'un portefeuille, ou tout au moins une place avantageuse.

L'opposition dite de conscience, au contraire, est composée en grande majorité d'hommes essentiellement modérés, qui, sans être toujours, des orateurs n'en sont pas moins éclairés, et dont la fortune, la conduite et le caractère offrent les garanties les plus larges, les plus sûres et les plus désirables.

O Chateaubriand, Chateaubriand! quelles raisons faibles et chétives exposez-vous pour justifier votre conduite! elles sont si faibles, si petites et si fines que je ne puis ni les saisir, ni les sentir, ni les apercevoir. Du moins, ce que je vois de plus clair dans votre opposition, c'est votre amour-propre blessé, c'est votre orgueil irascible. Il est plus facile de commettre un crime que de le justifier : voilà ce que vous prouvez ; je dis un crime, parce que vos maximes mises en pratique sans mesure, au lieu d'éclairer la marche du gouvernement, n'ont fait qu'y mettre des entraves ; elles ont trompé et faussé l'esprit public ; elles ont causé des milliers de meurtres, fait verser des flots de sang, ruiné des peuples et des empires.

J'admire votre éloquence et vos talents, mais j'en déteste l'usage ; rien ne les surpasse à mes yeux que votre orgueil. Quoi! pour faire l'éducation politique d'un peuple, pour former son sens moral, son jugement, n'est-ce pas une bonne méthode de confondre dans son esprit le juste et l'injuste, le vrai avec le faux, le bien avec le mal? On fait pis encore, parfois, on lui présente le mal pour le bien, et le bien pour le mal. C'est ce que vous avez fait avec tant de succès, c'est ce que l'on fait tous les jours dans les journaux de l'opposition systématique. Non-seulement on critique, on tourne en dérision les actes du gouvernement, mais encore on le calomnie sans pudeur. On va jusqu'à travestir ses intentions, il en reste toujours quelque chose.

Quand on réfléchit que ce sarcasme et ce blâme continuel a plus ou moins d'empire sur l'esprit de tous les hommes, ainsi que je l'ai dit ailleurs; qu'il flatte et alimente l'orgueil, l'envie, la haine et les autres passions populaires; quand on pense encore que les sept dixièmes de la populace de nos grandes villes n'ont pas d'autres leçons de morale que celles qu'ils reçoivent dans les sociétés populaires ou les clubs, et par la lecture des journaux de l'opposition systématique, on ne doit pas être surpris que le peuple abusé, trompé, séduit par de nouveaux *Cabet* travestis de toutes manières, et porté au mal par des écrits incendiaires publiés tous les jours, s'y précipite et s'y plonge tête baissée. Voilà, d'après un homme célèbre [1], l'*Apôtre de la raison générale*, voilà la source où vient puiser tous les jours l'intelligence populaire, en un mot, voilà la source du progrès intellectuel et moral si vanté dans ce siècle!

1. M. de Lamartine.

DES GOUVERNEMENTS.

LES GOUVERNEMENTS SONT-ILS MEILLEURS QU'AUTREFOIS, LES LOIS PLUS JUSTES ET LES HOMMES PLUS SAGES?

Il existe de nos jours (1832), des hommes singuliers, des hommes d'un autre siècle, qui regrettent sans cesse les temps passés, fussent-ils les plus malheureux du monde. « Où est le bon vieux temps? me disait un jour le curé d'un village; où sont ces parlements qui rendaient si bien la justice? Mais à présent il n'y a plus de justice sur la terre, elle est au ciel.» Ce n'est pas, comme on le voit, les beaux jours de Rome et d'Athènes qu'ils admirent, ce sont les pratiques et les usages de nos ancêtres, les temps de l'ignorance et de la chevalerie, temps où des infâmes, des barons ambitieux et hautains, se disputaient en forcenés les dépouilles des peuples, et accablaient sous un joug de fer leurs vassaux ignorants, superstitieux et crédules!

Loin de regretter ces temps d'ignorance et de servitude, je crois l'esclavage et l'ignorance aussi nuisibles à l'homme, que les lumières et la liberté sans licence lui sont utiles et profitables. Je préfère nos lois et notre constitution actuelle à toutes les lois, à toutes les vieilles chartes du moyen âge. Je pense même, tout bien considéré, que notre constitution de 1830 renferme, pour l'espèce humaine en général, plus d'éléments de bonheur que les gouvernements si célébrés de Rome et de la Grèce.

Admirons la belle antiquité, mais détestons ses erreurs et ses injustices; détestons surtout l'infanticide et l'esclavage, le dernier permis, et l'autre conseillé et même ordonné par les législateurs et les philosophes de ces temps trop vantés.

On dit qu'un sage de l'ancienne Grèce remerciait les dieux de l'avoir fait naître du temps de Socrate; moi, d'après Montesquieu, et avec plus de raison que lui, je rends grâce au ciel de ce que j'existe sous un gouvernement aussi bien constitué, et dans un temps

---

1. Voy. Aristote : *De la république.*

où les hommes, instruits par l'expérience, sont plus sages qu'ils n'ont jamais été [1].

[1]. On verra dans le cours de cet ouvrage, que les derniers événements ont sensiblement modifié mes idées à cet égard : s'il est incontestable que les vieillards aujourd'hui sont plus sages que leurs ancêtres, grâce à l'expérience qu'ils ont acquise dans la première révolution, et dans les temps qui l'ont suivie, il suffit d'examiner les faits et gestes des révolutionnaires de 1848 pour être bien assuré qu'il n'en est pas ainsi des jeunes gens, ni même des hommes entre deux âges. La plupart des habitués des cafés, des *clubs*, et les lecteurs exclusifs des journaux de l'opposition systématique, méritent aussi une exception.

AVANTAGES

d'une

BONNE RÉPUTATION.

ÊTRE POLI ET SE FAIRE AIMER DE TOUT LE MONDE CRAINDRE LE RIDICULE.

Un auteur célèbre a dit : « Personne presque ne s'avise de lui-même du mérite d'un autre [1]. » Cela se vérifie tous les jours.

L'homme de bon sens qui réfléchit ne s'en tient pas seulement aux bruits populaires, à la vaine et trompeuse réputation : il juge encore, et surtout, par ce qu'il sait lui-même. Cependant, s'il entend dire d'un individu qu'il ne connaît pas bien : « Il a beaucoup d'esprit, c'est un très-honnête homme, » il éprouve pour cet individu un sentiment d'estime et de

---

1. La Bruyère : *Du mérite personnel.*

considération; s'il le rencontre en son chemin, il le regarde affablement et a pour lui naturellement un air obligeant et des manières respectueuses. Un propos contraire produit un effet contraire [1].

Bien plus : le blâme qui s'adresse aux personnes honnêtes et que nous connaissons pour telles, affaiblit beaucoup dans notre esprit l'estime que nous avons pour elles.

C'est par cette influence si puissante sur l'homme, que les journaux de l'opposition systématique, qui souvent calomnient, et toujours blâment, et critiquent quand même, font tant de mal aux gouvernements.

Ainsi donc, si l'homme sage et instruit se trouve en quelque sorte influencé malgré lui par les louanges ou par les critiques, quelle impression en reçoit le commun des hommes, les femmes et les filles, par exemple, qui n'ont aucune éducation, et dont l'esprit désoccupé a du penchant à la satire? Une commère leur dit-elle, d'une personne qu'elle hait, et sur la moindre apparence : « C'est une

1. Combien de réputations *volées* et *voleuses* dont l'homme, dans sa vanité, s'enorgueillit! C'est une espèce de fausse monnaie bien contrefaite qui court le monde, par qui l'on brille, l'on fait ou grossit sa fortune, et sur laquelle on fonde l'édifice bien fragile de sa gloire et de son bonheur.

femme de mauvaise conduite, une femme méprisable et méprisée, etc., etc.; » semblables aux échos des vallons, ou bien à ces instruments retentissants et vibrants qui répètent tous les bruits sur tous les tons, ces femmes disent et redisent ce beau jugement, et la renommée aux cent bouches le répète.

Tâchez donc de vous faire aimer de tout le monde, et pour bien réussir, traitez tout le monde avec justice, complaisance et bonté. Soyez affable et poli[1], obligez prudemment;

1.
>La politesse est à l'esprit,
>Ce que la grâce est au visage :
>De la bonté du cœur c'est la fidèle image;
>Et c'est la bonté qu'on chérit.

La politesse et la complaisance mutuelle sont peut-être ce que la civilisation a produit en morale de plus utile à l'homme; on a blâmé, trop légèrement sans doute, la politesse en la qualifiant de fausseté : c'est être trop sévère, et trop exiger de l'homme imparfait par sa nature.

>La plupart des plaisirs des hommes,
>Ne sont que de douces erreurs.

En témoignant de faux sentiments d'affection on en inspire souvent de véritables, on croit si facilement ce qu'on désire! et avec des sentiments d'affection véritable on en suggère encore plus souvent de semblables, à ceux-là même qui les feignaient. En d'autres termes, on s'oblige, on se caresse, on se plaît réciproquement, par des soins empressés, des manières agréables, et des paroles flatteuses.

De cet échange de soins, résultent pour l'homme des

il faut jeter un voile sur les défauts des autres, si l'on veut que les siens ne soient pas aperçus. On craint dans la société les médisants et les railleurs; ne soyez ni l'un ni l'autre : un coup de langue fait souvent plus de mal qu'un coup de lance.... Si dans la société parfois vous parlez des vices et des ridicules, ne nommez que le moins possible ceux qui se livrent à ces vices ou qui ont ces ridicules... Comportez-vous décemment, craignez vous-même le ridicule, il déshonore souvent plus aux yeux du monde que le déshonneur même. En un mot, tâchez de vous faire une bonne réputation ; ce n'est pas assez d'être sage et d'avoir le témoignage de sa conscience, il faut encore éviter les apparences défavorables, et paraître aux yeux du monde ce qu'on est. La mise en pratique de ce conseil est très-utile à toutes les personnes, mais surtout aux femmes. Combien de chagrins se seraient-elles épargnés, si un grand nombre d'entre elles avaient suivi cette maxime !

biens inappréciables : la paix, la tranquillité, le calme dans les ménages et dans la société ; et par suite la plupart des douceurs, des agréments et des jouissances de la vie.

DU
CHOIX D'UN ÉTAT.

TACHONS DE BIEN CHOISIR L'ÉTAT QUI NOUS CONVIENT ET DE LE BIEN CONNAITRE. N'EMBRASSONS QU'UN SEUL GENRE DE LITTÉRATURE, AINSI QUE LE FAISAIENT LA PLUPART DES ANCIENS. ILS SUIVAIENT EN CELA L'EXEMPLE DE LEURS DIEUX : DIRIGER LA NATURE ET NE PAS LUTTER CONTRE ELLE. — GRANDEUR DE L'HOMME ÉCLAIRÉ, QUI RÉFLÉCHIT ET QUI PENSE.

« Travaillons à nous rendre digne de quelque emploi, le reste ne nous regarde point, c'est l'affaire d'un autre[1]. »

En effet, où est l'heureux mortel tellement comblé des faveurs de la nature, qu'il puisse cultiver avec fruit tous les arts et les sciences, embrasser tous les genres de littérature, et faire de sa tête, en un mot, une manière d'encyclopédie ?

1. La Bruyère *Du mérite personnel.*

On me dira peut-être que Pic de La Mirandole entreprit avec succès de soutenir des thèses sur toutes les sciences ; que Voltaire et Goethe approchèrent de la première place dans presque tous les genres de littérature : j'en conviens ; mais si la nature, dans ses caprices, a formé quelques hommes capables de porter une charge de cinq ou six cents kilogrammes, cela doit-il nous engager, tous tant que nous sommes, à nous charger d'un tel fardeau ?

Les hommes célèbres dont je viens de parler approchèrent de la première place dans tous les genres de littérature ; mais ne l'auraient-ils point acquise, cette première place, si, moins entreprenants et moins ambitieux, ils se fussent bornés à l'étude des genres pour lesquels ils avaient le plus d'aptitude ?

Entraînés par l'amour des connaissances, plusieurs, surtout dans notre siècle, ont eu l'ambition de tout connaître ; qu'en est-il résulté ? Ce désir insatiable de savoir, loin de leur être profitable, a souvent épuisé leur corps et leur esprit, et n'a produit en dernière analyse que de petits Voltaires, des demi-savants ; et le demi-savoir, dans la classe populaire, est souvent plus nuisible à l'individu qui le possède, et à la société elle-même, surtout lorsqu'on l'applique à la politique, que l'ignorance accompagnée du sens commun.

Les savants les plus renommés de l'antiquité furent plus sages que les modernes à cet égard. Homère et Virgile ne cultivèrent que la poésie, Thucydide et Salluste ne furent qu'historiens, etc. Leurs dieux même n'embrassaient pas toutes les sciences; chaque muse ne présidait qu'à une branche des connaissances humaines.

Un jeune homme dont l'esprit est juste, les idées profondes, le jugement bon, mais qui d'ailleurs n'a qu'une mesure très-médiocre d'intelligence, d'esprit, de mémoire, parlant et s'exprimant difficilement, ne doit pas, selon moi, s'appliquer beaucoup aux sciences exactes et profondes, telles que la géométrie et les mathématiques; l'étude des langues, en général, ne lui serait guère plus profitable; tous ces travaux fatigants ne feraient qu'augmenter les défauts de la nature, appesantir son esprit et accroître son embarras; on doit, dans ce cas surtout, restreindre ses études et n'embrasser qu'un seul genre....

Dirigez la nature, mais ne luttez pas contre elle; vos efforts, souvent impuissants, seraient toujours dangereux ou funestes (*n*).

En résumé, si votre fils n'a qu'une intelligence très-commune, un demi-talent; s'il est sujet à la migraine ; si en suivant les cours ordinaires des colléges, il est sensiblement fatigué ; s'il n'y remporte divers prix, il n'y a pas à balancer, l'instruction secondaire est tellement répandue de nos jours, qu'elle ne profite qu'à un petit nombre de talents supérieurs ; vous ferez mieux, pour la santé, le bien-être et le bonheur de votre enfant, de lui faire embrasser le commerce ou tel état de son goût, que de vouloir le pousser dans les arts libéraux, le droit ou la médecine, en dépit de la nature, des Muses et d'Apollon.

Combien d'avocats et de médecins, avec des connaissances très-étendues, et même du talent, ne retirent pas de leur profession les intérêts à cinq pour cent des dépenses qu'on a faites pour les instruire !

Mais si l'étude n'est pour lui qu'un plaisir, s'il remporte des prix sans fatigue, c'est alors qu'avec modération il doit s'appliquer à l'étude. Recommandez-lui la prudence, la sagesse et la science, qui, comme les Grâces mythologiques, doivent être inséparables chez les savants, et se tenir par la main. En effet, sans la sagesse et la prudence, la science est toujours trompeuse ou vaine, et sans la science, notre âme, en quelque sorte ensevelie dans la matière, est comme l'astre du jour caché sous un nuage. Mais quand la bonne éducation est jointe au beau naturel, l'âme fortifiée s'élève et s'agrandit; l'homme peut devenir le ministre de Dieu ou l'interprète des secrets de la nature; le monde perceptible à nos yeux, l'infini, l'immensité, suffisent à peine à ses méditations! C'est alors qu'un jeune homme studieux honore son espèce, ses parents, sa patrie; c'est alors que paraît l'homme dans toute sa grandeur; c'est alors que brille à découvert cet être intelligent et immortel!

BIZARRERIES
DE LA MÉMOIRE.

Pourquoi dans le déclin de son existence, surtout dans la vieillesse et la caducité, l'homme se rappelle-t-il mieux les choses qu'il a apprises, vues ou entendues dans l'âge où sa raison commence à poindre et dans sa jeunesse, que celles qu'il a lues, vues et entendues il y a quelques années, quelques mois, et même parfois quelques semaines; et pourquoi à aucune époque de sa vie n'a-t-il aucun souvenir de ce qu'il a vu ou entendu durant son enfance, tandis qu'il était encore à la mamelle ou au berceau? Essayons d'expliquer ce jeu bizarre de la nature.

L'impression que reçoit le cerveau d'un enfant au berceau, par les sens, s'efface de ses souvenirs peu de temps après, comme l'impression faite sur une substance très-tendre, telle qu'une pâte molle; elle se recouvre et disparaît à l'instant.

Dans l'âge suivant, depuis la chute des premières dents jusqu'à la puberté, époque ou la raison commence à naître ou se développe, notre cerveau, que la pensée n'a pas fatigué encore, notre cerveau plus ferme, sans dureté et presque sans impressions, se trouve dans l'état le plus convenable pour que les choses qui nous frappent puissent s'y graver, s'y conserver et s'y étendre; c'est donc à cet âge de la vie que le cerveau est le mieux disposé à recevoir les empreintes, bonnes ou mauvaises, que produit l'action des sens.

Dans la jeunesse et l'âge mûr, les divers sentiments se succèdent, se croisent et affluent; nous sommes agités par des passions plus ou moins violentes, qui nous troublent et nous distraient; le cerveau, déjà plein d'impressions, en reçoit de nouvelles plus difficilement; en un mot, nous apprenons moins vite.

Mais les idées reçues et les réflexions qui en résultent aident à la mémoire; on repasse dans son esprit ce que l'on a vu, lu et entendu, ou bien on en parle avec ses amis, l'impression se renouvelle, elle devient profonde et fixe comme l'empreinte que l'on grave, en y revenant plusieurs fois, sur un arbre formé et qui ne croît plus.

Dans la vieillesse, au contraire, nos facultés sont affaiblies, nos sens sont émoussés; tout annonce en nous la dureté, l'incapacité, l'impuissance. L'impression des objets et des idées sur les sens et sur le cerveau ne se fait presque plus, et devient par cela même peu distincte, comme l'empreinte que l'on grave sur un vieil arbre qui a l'écorce dure et calleuse, avec un instrument sans force ou sans pointe. On se rappelle d'autant moins ces impressions dans la vieillesse, que les pensées se reportent toujours vers l'enfance et la jeunesse qu'on regrette; tout ce qui tient à cet âge de bonheur se présente à notre imagination rétrograde sous des formes gracieuses; on considère avec complaisance les faits de toute nature, les parties de plaisir, les aventures agréables ou singulières qui ont rempli ces belles années; en un mot, on repasse continuellement dans sa mémoire et ses souvenirs les heureux jours de sa jeunesse.

DE L'INFLUENCE
DU CLIMAT.

QUEL EST LE CLIMAT LE PLUS FAVORABLE A L'HOMME, TANT AU MORAL QU'AU PHYSIQUE? — LES ARTS ET LES SCIENCES DOIVENT LEUR NAISSANCE A LA NÉCESSITÉ, AUX DOUX LOISIRS ET A L'AMOUR DU PLAISIR.

La plupart des auteurs anciens et modernes prétendent que les climats tempérés du Midi, et surtout de l'Orient, sont les plus favorables à l'esprit de l'homme et au développement de son intelligence. Sur quoi donc se fondent-ils pour établir cette préférence? Est-ce que l'Égypte et la Chaldée ont produit des savants plus éclairés, des génies plus profonds que la France et l'Angleterre? Tous les auteurs qui pensent ainsi conviennent pourtant, comme tous les hommes studieux, que l'esprit et le corps ont plus de force et d'énergie en hiver qu'en été. Sont-ils d'accord avec eux-mêmes à ce sujet? et cette énergie, cette force morale que nous procure l'hiver, ne serait-ce point la preuve, au contraire, que les climats tempérés du Nord, en fortifiant les nerfs et modérant les passions, sont aussi propices à la sagesse et à l'intelligence de l'homme, qu'à la beauté et au développement de son corps?

Non-seulement, comme je viens de l'insinuer, la fraîcheur de la saison, et par conséquent du climat, donne au corps et à l'esprit plus de constance au travail, et plus de vigueur pour le supporter, mais encore l'exercice auquel le froid convie, fortifie certainement l'esprit comme le corps.

D'après ces observations et l'inspection des pays et des hommes où les arts et les sciences sont le plus avancés, il me paraît incontestable que les climats les plus favorables à la multiplication et à la perfection physique de l'homme, sont aussi les plus favorables à sa sagesse et à son intelligence. Il y a tant de rapport entre le physique et le moral, entre l'esprit et le corps, que l'âme croît et s'affaiblit avec le corps, et qu'elle est languissante lorsqu'il est malade.

Cependant il ne s'ensuit pas de cette vérité que les hommes les plus sains et les plus parfaits de corps soient naturellement les plus sages et les plus intelligents ; car ces qualités intelligentes et morales, naturelles et particulières à l'individu, dépendent de la combinaison d'un heureux concours de causes plus ou moins inconnues, et qui tiennent positivement et essentiellement à la force et à la perfection du système nerveux.

Mais il n'est pas moins vrai que l'influence fortifiante de l'hiver sur le corps et sur l'esprit, influence bien prouvée, indique, d'après les lois ordinaires de la nature, que cette même cause, plus longtemps prolongée par le climat, doit produire un avantage analogue, et d'autant plus favorable qu'elle agit sur l'ensemble de l'espèce, sujette à cette influence durant plusieurs générations.

Quoique les observations que je viens de faire soient, il me semble, bien exactes et bien concluantes, je crois cependant voir et entendre quelques savants superbes sourire et se récrier avec dédain : Quelles idées singulières ! quels paradoxes ! Et ne sait-il point que ce sont les Égyptiens, les Chaldéens et les Grecs qui ont les premiers cultivé les arts et les sciences, et que leurs écrivains et leurs artistes, qui vivaient il y a plus de deux mille ans, sont encore nos plus parfaits modèles ?

Avant de me condamner, je prie le lecteur

de bien peser mes raisons, de faire attention à toutes mes observations et aux remarques que je vais faire.

D'abord, si les contrées de l'Orient ont été le berceau des premiers hommes, comme on doit le croire d'après les livres chrétiens, les traditions et les indices de l'histoire, n'est-il pas bien probable que les arts et les sciences y ont pris naissance aussi? Rien de plus clair, si l'on considère les influences diverses que doivent exercer les divers climats sur l'homme dénué de tous les arts, sur l'homme de la nature. Dans les pays du Nord, sous ces climats souvent inexorables, la nature ingrate n'accorde à l'homme ses faveurs et ses dons que par le travail assidu et les soins multipliés; l'homme, dénué des secours de l'art, doit donc y être peu nombreux, et sans cesse occupé des soins de son existence et de sa conservation. Renfermé fréquemment, surtout la nuit, dans des huttes enfumées ou des cavernes, il ne peut guère s'occuper à lire dans le grand livre de la nature; son esprit, accablé sous le poids des besoins de son corps, ne s'étend souvent guère, si je puis ainsi dire, au delà de son enveloppe grossière. En est-il de même dans les climats chauds du Midi et de l'Orient, où la terre produit presque sans culture, et où les besoins de l'homme sont peu nombreux et peu pressants? La différence est aussi grande qu'elle est incontestable.

En développant cette idée, tâchons de l'appuyer sur de bonnes raisons, et par des preuves nouvelles.

On sait que les habitants de la haute Égypte et de la Chaldée, qui ont, les premiers, cultivé l'astronomie et la géométrie, étaient, dans ces temps reculés, un peuple de pasteurs. Les loisirs que leur donnait cette profession, joints à l'usage de coucher à la belle étoile ou sous des tentes, leur fournissaient naturellement l'occasion de voir, de suivre le cours des astres, et de connaître ensuite leurs phases et leurs révolutions.

Le besoin d'être fixés sur l'espace du temps, l'époque des saisons, pour les semailles et les récoltes des fruits, etc., en leur faisant remarquer que les temps et les saisons étaient réglés par les différentes révolutions des astres, ont dû leur inspirer le désir d'étudier, d'examiner, de suivre avec attention la marche des corps célestes; de mesurer, calculer, vérifier, pour trouver le point fixe de leurs révolutions complètes, et en même temps leur suggérer le goût de l'astronomie, et même quelques notions de mathématiques, dont ils avaient le plus grand besoin.

A l'égard de la géométrie, l'Égypte naturellement a été son berceau. Indépendamment du besoin qu'en avaient les savants pour la vérification des observations astronomiques, les accidents du sol, causés surtout par l'affluence des eaux, et les débordements périodiques du Nil, créèrent le besoin de mesurer les terres, pour que chacun, l'inondation passée, pût reprendre exactement possession de ses propriétés.

La poésie, fille de l'abondance et des doux loisirs, dut aussi prendre naissance sous ces climats favorables aux plaisirs, et dans les siècles qu'elle a chantés et vantés sous le nom de l'âge d'or.

Ainsi la nécessité qui conduit l'homme et peut vaincre sa paresse, les doux loisirs et l'amour du plaisir ont inspiré à l'homme l'invention de la géométrie, de l'astronomie et de la poésie, ainsi que de la plupart des arts; ces sciences et ces arts ont pris et dû prendre naissance dans les climats orientaux et méridionaux, plus anciennement habités, et plus favorables que les climats froids à l'homme de la nature.

Du reste, comme on l'a vu précédemment, dans l'état actuel de nos connaissances, je suis loin de préférer les climats trop vantés du Midi aux climats déprisés du Nord (j'entends ceux renfermés dans les latitudes qu'occupent la France, l'Italie, l'Angleterre et l'Allemagne, du quarantième au cinquante-cinquième degré), je crois ces latitudes les plus favorables à l'homme, tant au physique qu'au moral, comme elles sont les plus propices à sa multiplication, du moins en Europe.

En effet, dans des temps moins reculés, pressés par des besoins matériels de toutes sortes, les habitants des climats tempérés du Nord, par la constance dans les travaux, par la patience et même le besoin d'activité, ont inventé ou perfectionné les arts les plus nécessaires, principalement l'agriculture, et sont parvenus à obtenir de la terre des produits plus parfaits, plus abondants, et plus assurés que n'en obtiennent, présentement, les habitants moins laborieux du Midi, dont les récoltes sont d'ailleurs souvent compromises par les sécheresses, ou dévorées par les insectes. Ils ont aussi, par les mêmes causes, porté les arts mécaniques à une perfection dont n'approchent pas les peuples moins actifs et moins patients du Levant, et des contrées méridionales [1].

1. S'il est certain que c'est la nature qui nous donne le génie, et non la *patience*, comme le dit M. de Buffon, il n'est pas moins certain que la patience et la constance sont nécessaires au génie pour l'invention et la perfection de son œuvre, et que c'est par la constance et la pa-

Ainsi, d'après ces observations qui me paraissent d'une vérité frappante, la force, l'énergie physique et morale entretenues, augmentées même par la fraîcheur du climat et par un travail assidu, ont élevé l'homme de ces pays du Nord au-dessus des habitants du Midi, devenus, par le relâchement de la fibre, trop mous, trop indolents, trop efféminés.

Depuis plus de trois ans que cet article est écrit, j'ai appris que MM. Bailly et Buffon attribuent l'invention des arts et des sciences à un peuple du Nord, qui a disparu par quelque révolution, et qui habitait primitivement les hauts plateaux de la Tartarie, depuis le quarantième jusqu'au cinquante-cinquième degré de latitude. Cette assertion, plus ou moins hasardée, fondée en partie sur des observations faites par Pallas, dans la Tartarie, vers la fin du dernier siècle, ne fait qu'appuyer mes preuves et mon opinion, sur l'influence favorable à l'homme, sous tous les rapports, des climats tempérés du Nord.

tience, seulement, que les peuples du nord de la zone tempérée l'emportent sur ceux du midi. C'est ce que j'ai tâché d'établir par ce qui précède, et ce que j'espère prouver dans l'article suivant: *De l'Angleterre et des Anglais.*

DE L'ANGLETERRE

ET

DES ANGLAIS.

Il me paraît constant, d'après des faits incontestables, que l'Angleterre a produit plus d'hommes célèbres par leur génie que les autres pays du monde. En effet, sans parler de Bacon, de Milton, ni de l'auteur des Puritains, quelle nation pourrait se flatter d'avoir un astronome géomètre, un génie tel que Newton [1] ?

---

1. Si je ne parle pas de la France, et si je ne mets pas sa littérature en parallèle avec la littérature anglaise, c'est parce que je suis Français, et que c'est aux étrangers de nous apprécier, et de nous glorifier s'il y a lieu. Du reste, toutes les nations nous rendent en cela bonne justice, et notre langue, employée par les souverains dans leurs traités, et parlée dans toute l'Europe par les hommes instruits, est un témoignage irrécusable en faveur de nos savants et de notre littérature.

« Quoi! dira-t-on, l'Anglais qui respire une athmosphère froide et humide, serait donc sous ce rapport plus favorisé de la nature que l'Égpytien et le Chaldéen sous leur beau ciel? C'est incroyable, ou du moins improbable et paradoxal. »

Non certes, cela ne serait pas probable, si les climats les plus chauds, les plus beaux, les plus doux de la zone tempérée, étaient, comme on le pense, les plus propices au génie; mais par des faits évidents, et des raisons solides exposées précédemment, je crois avoir prouvé le contraire en faveur d'une partie nord de la zone tempérée, sans pourtant y attacher une très-grande importance, et tout en reconnaissant, en général, l'avantage remarquable des climats tempérés, sur les deux extrêmes du chaud et du froid.

Mais avec l'avantage peu sensible du climat, quel est donc le principe de cette supériorité anglaise que l'on a remarquée? Le gouvernement me dira-t-on. Cette cause, la plus forte, mérite d'être développée et considérée; mais j'en vois d'autres encore qui tiennent plus à la nature du sol et à d'autres institutions qu'au gouvernement. Considérons les unes et les autres et tâchons d'en donner une idée.

D'abord l'Anglais, par ses mines de fer et

de charbon, par sa force maritime, la grandeur de ses possessions et l'étendue de son commerce, est le plus puissant et le plus riche de tous les peuples. Ses vaisseaux sillonnent toutes les mers ; ses savants et ses négociants parcourent le globe dans toutes les directions, et sur tous les points habitables, ont des liaisons scientifiques et commerciales avec tous les peuples ; les produits de toute la terre sont pour ainsi dire entre leurs mains. La puissance et la richesse nationale, en fournissant les éléments indispensables pour la production, ainsi que les moyens nécessaires pour découvrir, inventer et perfectionner, ont encore le noble avantage d'élever l'âme et d'inspirer le génie[1].

Non-seulement la population est plus nombreuse en Angleterre proportionnellement au terrain qu'elle occupe, et plus agglomérée dans les grands centres de fabrication que dans les autres pays de l'Europe, mais encore les sociétés d'émulation, les corporations et les compagnies

1. Témoin les Grecs sous Périclès, les Romains sous Auguste, et les Français sous Louis XIV, etc. Le règne de Bonaparte fait exception. Mais la plupart des hommes à talents, persécutés sous le régime de la Terreur, avaient péri sur l'échafaud dans la première révolution. D'ailleurs son règne, comme celui d'Alexandre, fut trop rempli par la guerre et trop court.

qui ont un but commun d'économie, d'invention, d'amélioration et de perfectionnement, établissent entre ces diverses fractions un lien puissant.

Les grands et les riches, dans ce pays industrieux, emploient souvent leur fortune et leur crédit à protéger les nouvelles inventions ou à perfectionner les anciennes; la gloire, l'honneur, le plaisir même, joints à l'amour de la patrie et à tous les bons instincts de l'homme, les y engagent et les y convient. Ils veulent se distinguer de cette manière, comme, dans quelques pays, la noblesse ne se distingue que par ses déréglements, ses profusions et ses folies. Ainsi, de l'excès des richesses et de la pauvreté, de l'heureux concours des riches et des pauvres, il résulte que l'indigence et la pénurie même d'une partie nombreuse de la population tournent à l'avantage de la nation tout entière; car le peuple indigent, soumis par le besoin, est, entre les mains du riche qui le nourrit, un instrument commode et tout prêt, sans lequel ce dernier ne pourrait exécuter aucune de ses entreprises.

En conséquence, grâce à la soumission des pauvres aux volontés des riches, et aux besoins réciproques des uns et des autres, enfin du rapprochement et du frottement nécessaire de tous les esprits, jaillit un faisceau de lumière, qui, en éclairant l'Angleterre, envoie ses reflets jusqu'aux autres nations.

Ensuite, l'instruction est mieux soignée et plus répandue en Angleterre, depuis trois cents ans, que dans la plupart des pays du monde. La culture et l'exercice de l'esprit, pendant plusieurs générations d'hommes, n'aurait-elle point quelque influence favorable sur l'esprit et le génie d'un peuple, comme le bon régime ou l'hygiène sur son corps, et la bonne culture sur les arbres, les plantes et les fruits? D'un autre côté, dans une partie de l'Europe, telle que la France, l'Espagne, l'Italie, un enfant se montre-t-il intelligent, sage, modéré, le curé du village l'engage à étudier et à embrasser l'état ecclésiastique ; et ces hommes, en vivant et mourant célibataires, font tarir avec leur race les sources de la sagesse et du génie.

En Angleterre, au contraire, les lois et la plupart des religions établies permettent le mariage aux ministres des cultes; l'homme sage, l'homme de génie, se reproduit dans ses enfants, qui, de plus, reçoivent une bonne éducation et voient de bons exemples.

On pourrait m'objecter peut-être que, dans les autres pays du Nord, les libertés religieuses sont les mêmes qu'en Angleterre. J'en conviens. Mais l'instruction y est-elle aussi répandue, et le gouvernement depuis aussi longtemps favorable au développement de l'esprit? les sociétés scientifiques et d'émulation aussi communes et aussi bien encouragées? la population aussi nombreuse, aussi riche, aussi puissante?

Enfin, en approchant des cercles polaires, n'est-il pas plus que probable que l'excès du froid devient nuisible à l'homme, sous tous les rapports, comme en effet il affaiblit son corps et son esprit en Islande, en Groënland et en Laponie? Il faut tenir compte de tous ces éléments.

Le régime alimentaire, de son côté, peut aussi avoir son influence. Je n'ai pas à examiner ici si le régime végétal est le plus favorable à la santé; s'il rend les hommes moins passionnés, plus doux, plus sages; mais je puis dire, sans m'éloigner de mon sujet, que le régime animal, qui domine chez les Anglais, ne peut que fortifier les facultés corporelles et intellectuelles. Il dispose, dit-on, aux maladies putrides et inflammatoires; mais les sucs nourriciers qu'il fournit sont probablement aux sucs produits par les végétaux comme l'esprit-de-vin est à l'eau-de-vie : ils ont plus d'activité, plus de force et d'énergie. Les Indiens qui, croyant à la métempsycose, ne vivent que de fruits et de végétaux, sont en général très-doux et vivent très-longtemps, mais ils sont moins vigoureux de corps et d'esprit que les Européens qui les ont domptés.

On a surtout remarqué que la noblesse anglaise, considérée dans son ensemble, est la plus distinguée du monde par ses bonnes mœurs, par la sagesse politique et par l'intelligence[1]. Cette remarque, dont on connaît l'exactitude, doit être, selon moi, attribuée à deux causes : la première, c'est que les titres de noblesse et de pairie, en Angleterre, ne sont accordés qu'aux plébéiens les plus distingués par leur mérite personnel, leur intelligence et les services rendus à la patrie ; la deuxième, c'est que les aînés des familles, grâce au droit de primogéniture et à d'autres droits que les lois du pays leur concèdent, jouissent de la plus forte part des richesses, au préjudice des cadets et des filles.

Loin de penser comme Helvétius sur le pouvoir de l'éducation, et libres de leur choix par les richesses dont ils jouissent, ces jeunes lords ont l'usage, lorsqu'ils se marient, de choisir

---

1. D'après un homme célèbre et qui n'aimait pas les Anglais, la noblesse d'Angleterre est la plus éclairée, la mieux instruite, la plus sage et la plus brave de l'Europe. (J. J. Rousseau.)

dans les premières familles, non les plus riches en biens de la fortune (les jeunes ladies, par les raisons susdites, en ont ordinairement peu), mais bien les plus riches en faveurs de la nature ; je veux dire les plus belles, les plus sages et les plus intelligentes. Et quand je considère que la femme a un pouvoir égal et peut-être supérieur à celui de l'homme dans la reproduction, par l'égalité probable de la première mise, par l'unité de substance, d'existence et de sentiment qu'établit la nature entre la mère et l'enfant, durant le temps de la gestation ; par son lait qui le nourrit après sa naissance ; par la première éducation, bonne ou mauvaise, qu'elle lui donne ; les divers sentiments qui l'agitent et qu'elle lui inspire ; les habitudes qu'il contracte à son exemple, et qui deviennent véritablement une seconde nature, dans cet âge tendre et flexible ; je ne suis pas surpris de l'influence qu'exerce la femme sur le caractère de son enfant, ni de ce que tant d'enfants ressemblent à leur mère.

D'un autre côté, le système du petit nombre d'enfants, adopté conformément aux conseils de Malthus, ne peut qu'affaiblir la part générative de l'homme et fortifier comparativement celle de la femme dans la même proportion. Donc, en applaudissant aux principes de ces hommes judicieux, je regarde les précautions qu'ils prennent pour le choix de leurs femmes comme la cause la plus puissante et la plus capable de contribuer au maintien, et même au perfectionnement de leur race.

DES
CLIMATS TEMPÉRÉS.

LES CLIMATS LES PLUS TEMPÉRÉS SONT AUSSI FAVORABLES QU'AGRÉABLES A L'HOMME SOUS TOUS LES RAPPORTS. — PREUVES DE CETTE VÉRITÉ.

Un grand nombre d'auteurs, par réminiscence de l'antiquité sûrement, ont vanté sans mesure les pays orientaux. Si on devait les en croire, l'Assyrie, l'Égypte, la Grèce et l'Italie produiraient en abondance des grains, des fruits délicieux, presque sans culture; en un mot, ce seraient des pays enchantés, où la douceur de l'air et la beauté du ciel surtout sont incomparables. C'est en parler en poëtes et non en géographes ou voyageurs sincères.

La chaleur y est plus grande qu'en Normandie, sans doute, mais elle est parfois excessive, et la chaleur excessive est plus nuisible à l'homme civilisé, aidé de tous les arts, que le froid modéré de nos climats. On peut prendre de l'exercice, se couvrir ou se chauffer, et on ne peut guère se garantir des chaleurs étouffantes qui, fréquemment accompagnées de maladies contagieuses de toutes sortes, sont encore rendues plus cruelles par une multitude d'insectes nuisibles, surtout la nuit, à l'homme, déjà gêné dans son sommeil par une chaleur extrême.

Le printemps et l'été surtout y sont plus beaux et moins pluvieux que chez nous, il est vrai ; mais les produits de la terre en souffrent, et, comme il est reconnu, en général, qu'il tombe plus d'eau dans les pays chauds que dans les pays froids tempérés, il en résulte, dans les pays chauds, que les terres sont inondées, emportées par les pluies torrentielles de l'hiver, leurs produits amaigris par les sécheresses et parfois brûlés par les chaleurs de l'été, saison où, dans ces climats, les pluies seraient souvent nécessaires.

Sans parler ici des animaux féroces et des bêtes venimeuses aussi dangereuses qu'horribles à voir, les trombes, les tempêtes, les ouragans, plus fréquents et plus furieux dans les pays chauds, enlèvent ou renversent les bâtiments, les arbres et tout ce qu'ils rencontrent [1].

D'ailleurs, dans ces pays trop arides, vous trouvez peu de bois, peu de verdure, peu d'oiseaux; leur doux ramage est aussi rare dans les pays très-chauds qu'il est commun dans nos contrées entremêlées de bois, de prairies et d'arbres. Pour s'en convaincre, il n'est pas

[1]. Depuis que j'ai écrit cet article, j'ai fait le voyage d'Italie en mai 1855, par Naples, Rome, Florence, Gênes, Turin, etc., et ce voyage a confirmé presque sur tous les points ce que j'ai dit dans cet article; mais, ce que je n'ai pas dit, c'est que tous les pays chauds ne sont pas toujours, en tout et partout, arides, tant s'en faut, notamment en Italie. Si, dans plusieurs contrées du midi de la France, comme en Angleterre, il y a peu d'oiseaux, c'est qu'il s'y trouve peu de bois, de bosquets et d'arbres; car j'ai entendu dans le royaume de Naples, près du lac Averne, entouré de bois de toute espèce et de terres cultivées, divers oiseaux, et notamment un rossignol, dont je fus d'autant plus charmé que c'était le premier que j'entendais en 1855 et en Italie. Il en fut de même à la villa Adriana, et à Tivoli, de l'autre côté des cascades et des cascatelles, vers l'emplacement de la maison d'Horace, en face et à droite de la villa de Mécène; le chant harmonieux de cet oiseau que j'entendais ajoutait encore au plaisir que j'avais à parcourir tous ces lieux célèbres, jadis vantés et chantés par les poëtes.

Du reste, en Italie et dans tout l'Orient, l'Égypte, la Syrie et l'Arabie exceptées, il n'y a d'aride ordinairement que les trois mois de l'été, surtout dans les contrées sans bois et sans arbres.

nécessaire de sortir de France. Allez seulement en Provence et en Languedoc, vous trouverez moins d'oiseaux, un paysage plus aride et moins gracieux que dans la Touraine, la Beauce et la Normandie. Et remarquez bien que, si les poëtes et quelques écrivains français vantent à l'excès l'Italie et la Grèce, les écrivains de ces contrées, de leur côté, font de la France et des Français des peintures séduisantes. Je n'en citerai que deux exemples. L'empereur Julien, né à Constantinople et instruit à Athènes, fut nommé par Constance gouverneur des Gaules; il résidait à Lutèce (Paris), dans un palais dont on voit encore les restes. Il y demeura environ six ans. C'est là peut-être qu'il composa son *Misopogon*, dans lequel il dit : « J'étais en quartier d'hiver dans ma chère Lutèce, située au milieu d'un fleuve.... L'hiver y est moins rigoureux qu'ailleurs.... aussi le pays possède-t-il d'excellents vignobles; on y élève beaucoup de figuiers qu'on protége contre le froid par des couvertures de paille. »

Le Tasse, né à Sorrente, sous le plus beau ciel d'Italie, dit, en parlant des habitants des bords de la Loire : « La terre d'où ils viennent, molle, agréable et délicieuse, produit des habitants qui lui sont semblables. »

Ce qu'il y a de bien certain, c'est que les

produits du nord de la France compensent avantageusement ceux du midi. Si nous ne récoltons pas des raisins, des figues, des oranges, par exemple, nous avons des viandes en abondance, des pommes à foison, des poires, des pêches plus succulentes et meilleures sous tous les rapports que celles des contrées méridionales, qui, à moins que les arbres ne soient arrosés, sont trop souvent desséchées, avortées et rendues coriaces par les chaleurs de l'été.

Ce qui est sûr encore, c'est que, tout bien considéré, la France, l'Italie en grande partie, la Belgique, l'Angleterre et l'Allemagne sont plus favorables à l'espèce humaine que l'Assyrie, l'Égypte et la Grèce ; on en peut juger par le nombre et l'aspect des habitants de ces divers climats, ainsi que par le degré de bien-être dont jouit chacun de ces peuples.

DU TRAVAIL.

Juillet 1849.

LE TRAVAIL MODÉRÉ DU CORPS ET DE L'ESPRIT EST NÉCESSAIRE A L'HOMME. — ERREUR DE PASCAL A CE SUJET. — NE PAS TROP PENSER AUX MALHEURS QUI PEUVENT NOUS ARRIVER.

Pascal, dans le chapitre XXVI de ses *Pensées*, conseille à l'homme de fuir les divertissements et les occupations comme son plus grand mal, et dit que le bonheur n'est en effet que dans le repos, parce qu'il nous procure l'occasion de réfléchir sur nos misères et de nous occuper par anticipation des choses de l'autre monde.

Mais hélas! s'il en est ainsi, quel est donc le but de la vie, et pourquoi Dieu nous l'a-t-il donnée? C'est pour en faire usage avec sagesse, il me semble, et la régler en tout sur la droite raison.

Si tous les hommes, en général, suivaient les maximes de Pascal, comment pourraient-ils se vêtir, vivre et subsister ?... Dans l'état actuel de la société, par suite de nos besoins naturels ou factices, la nature ingrate ne donne rien sans travail et sans soins ; le travail nous est donc aussi nécessaire que la nourriture et les vêtements qu'il produit et fournit.

Bien plus, les besoins matériels du corps ne sont pas les seuls que le travail satisfait ; en développant et fortifiant les facultés corporelles et intellectuelles, il nous élève encore, et nous donne le bien-être, la santé comme la moralité.

> Travailler est le lot et l'honneur d'un mortel.
> Le repos est, dit-on, le partage du ciel ;
> Je n'en crois rien du tout. Quel bien imaginaire,
> D'être les bras croisés pendant l'éternité !
> Est-ce dans le néant qu'est la félicité ?
> Dieu serait malheureux s'il n'avait rien à faire.
> Il est d'autant plus Dieu qu'il est plus agissant.....
> . . . .
> Il mûrit à Moka, dans le sable Arabique,
> Le café nécessaire au pays des frimas ;
> Il met la fièvre en nos climats,
> Et le remède en Amérique.

Ainsi, dans l'ordre de la nature qu'il établit et qu'il dirige, Dieu travaille, et, par l'exemple et les besoins qu'il nous donne, nous engage et même nous force à travailler.

Dailleurs, quel sérieux avantage, quel bien résulterait pour nous et pour nos semblables d'un désœuvrement complet, et de ces réflexions continuelles sur nos misères, et nos destinées inconnues? Le fin mot de la chose est de les prévenir ou de les adoucir; et le moyen le plus sûr pour y réussir est le travail modéré, la sagesse et la prudence en toute chose.

Si vous suiviez en tout point les maximes prêchées dans ce chapitre de Pascal; si votre esprit, replié sur lui-même, s'occupait constamment de l'avenir, de vos malheurs imaginaires, réels ou possibles, de quelque nature qu'ils puissent être, vous auriez un moyen infaillible pour devenir, comme Pascal, mélancolique, hypocondre ou fou. Dans ce dernier cas, vous souhaiteriez, avec raison, une fin semblable à la sienne; il mourut la tête bouleversée à l'âge de trente-neuf ans.

Mes maximes à cet égard sont à peu près contraires aux siennes, et j'en connais les bons effets. Je vous l'ai dit et vous le répète, travaillez, occupez-vous toujours : le malheur est dans le repos, à moins qu'il ne soit très-court, ou qu'il ne serve de délassement et de remède à la fatigue. Du reste, soyez pieux et prudent, pensez, réfléchissez avant d'agir, mais ne craignez pas trop les malheurs qui peuvent vous arriver. C'est bien souvent le moyen de les réaliser. Un poëte célèbre a dit :

> Par la grâce du ciel, ils ne sont pas venus,
> Ces maux dont vous craignez les rigueurs inhumaines ;
> Mais qu'ils vous ont causé de peines,
> Ces maux que vous n'avez point eus !

D'après la Bible et les opinions religieuses de Pascal, Dieu dit à l'homme : « Tu travailleras durant six jours, et le septième en te reposant tu serviras ton Dieu et t'acquitteras de tes devoirs religieux. »

Travaillons donc durant six jours de la semaine, et varions, s'il nous est possible, nos occupations de corps et d'esprit : c'est le moyen de fortifier l'un et l'autre, et de nous rendre la vie et les travaux agréables.

D'UNE ERREUR

DE LA

PHILANTHROPIE.

Septembre 1849.

LES VOLEURS, MALFAITEURS ET BANQUEROUTIERS DE TOUTE SORTE, MIEUX TRAITÉS PAR NOS INSTITUTIONS QUE NOS SOLDATS, ET LES TROP PAUVRES HONNÊTES GENS. — ERREUR DE CERTAINS PHILANTHROPES A CE SUJET. — INCONVÉNIENTS QUI EN RÉSULTENT.

Quelques sérieux et bienveillants philanthropes, par un zèle inconsidéré, je pense, s'occupent incessamment de l'amélioration des prisons, des maisons d'arrêt, ainsi que du sort des prisonniers, banqueroutiers et malfaiteurs de toute sorte; et ils croient sans doute qu'il n'y a rien de mieux à faire pour l'humanité. Je ne suis pas entièrement de leur sentiment, et pas du tout de leur avis.

Il me paraît incontestable qu'un grand tiers des ouvriers, surtout dans les campagnes, sont plus mal nourris, plus mal couverts et plus mal fournis de linge que la plupart de nos prisonniers. Et quelle différence pourtant dans les déperditions journalières, dans les besoins résultant de l'activité du travail des uns, et de l'inaction et des mauvaises passions des autres. Tout homme qui réfléchit s'en rend un juste compte.

Sans doute ils doivent être traités avec humanité, surtout ceux qui ne sont que prévenus. Mais ne serait-il point plus logique, plus moral, plus encourageant pour les honnêtes gens, et par conséquent plus avantageux pour la société, de s'occuper du sort des pauvres familles chargées d'enfants; des pauvres malades de la campagne qui n'ont pas d'hôpitaux pour les secourir; de certains militaires sans pension et sans récompense, que de scélérats qui déshonorent l'espèce humaine, et qui souvent la corrompent lorsqu'ils rentrent dans son sein? C'est leur instruction et leurs mœurs qu'il faut améliorer, et, dans l'inaction où ils se trouvent, rien n'est plus convenable pour arriver à ce but que de légères privations corporelles jointes aux maximes chrétiennes présentées à propos.

Il en est des bons traitements que l'on prodigne aux prisonniers coupables, comme de l'abolition de la peine de mort, même en matière politique : je n'y vois rien en résultat de bien rassurant pour les honnêtes gens, l'ordre public et la prospérité générale [1].

Quoi ! vous rendez doux le sort des coupables, et des milliers d'honnêtes gens sont oubliés et souffrent plus qu'eux. Vous ne punissez pas au moins de l'exil des pervers que rien ne peut corriger, et par cela même vous causez la mort de milliers d'innocents pères de famille qui sont assassinés chez eux ou dans les rues

---

[1]. Depuis la révolution de février, époque où l'abolition de la peine de mort a été prêchée, et en quelque sorte promise par des législateurs ; depuis que ces questions dans les journaux et même à la tribune ont été fréquemment examinées, discutées, agitées, les statistiques de la France signalent une augmentation de plus d'un quart dans le nombre des crimes que la loi punit de mort. Ce fait incontestable prouve mieux que des volumes de discours l'erreur de certains publicistes, qui, en se qualifiant du nom de libéraux, s'annoncent comme bienfaiteurs de l'humanité, prêchent l'abolition de la peine de mort, et s'occupent ardemment du sort des condamnés.... pour cause sans doute. Je suis persuadé que l'assassinat de l'archevêque de Paris, du général Bréa et la mort de milliers de gardes nationaux dans les journées de juin furent causés, en grande partie, par l'abolition de la peine de mort en matière politique. Du reste, cette peine, dans bien des cas, pourrait être remplacée par l'exil ou les galères.

en faisant leur devoir de gardes nationaux. Ne vaudrait-il pas mieux que cent coupables périssent qu'un seul innocent? C'est un principe reçu, et cette maxime, aussi juste que sage, mise en pratique par nos législateurs, aurait le double avantage de protéger les honnêtes gens, et d'affermir l'ordre dont nous avons tant de besoin.

Je sais la prudence que l'on doit avoir dans certaines circonstances, je ne le nie pas, j'en conviens. Mais cette condescendance, quelquefois nécessaire, a été de nos jours poussée trop loin. On a trop composé, je dirai même pactisé avec l'insurrection. (Voyez le discours de M. Dufaure, 11 août 1849.) Quand je vois des insurgés, surtout des chefs d'insurrection, qui, pris les armes à la main, ont versé le sang de nos soldats et gardes nationaux, mieux traités que nos soldats et nos marins, qui sacrifient au moins sept ans de leur existence, leur sang, leur vie même pour servir la patrie, mon indignation est à son comble et n'a plus de bornes.

Il faut bien en convenir, cela n'est guère encourageant ni flatteur pour nos soldats, nos marins et nos gardes nationaux; surtout quand ils voient, comme aujourd'hui, lâcher dans la société ces hommes à figures sinistres, qui, loin de se repentir de leurs crimes, vocifèrent publiquement contre les honnêtes gens et les menacent des vengeances les plus sanguinaires. Ce n'est pas réprimer l'insurrection que d'en agir ainsi ; c'est l'encourager, c'est l'alimenter, c'est la recruter.

Les hôpitaux civils, les hospices ou maisons de refuge, offrent des inconvénients moins graves sans doute, mais de même nature et parfois inévitables. Les habitants de ces lieux sont mieux nourris, mieux couverts, que les neuf dixièmes des ouvriers ne le sont chez eux, surtout dans les campagnes ; aussi les ivrognes, les fainéants et les prodigues habitants des villes sont-ils sans inquiétude et sans crainte pour leurs vieux jours. « Quand nous n'aurons plus rien, ou que nous ne pourrons plus travailler, nous irons à l'hôpital, disent-ils ; il n'est pas fait pour les chiens. » Voilà comme ils se résignent. Bien entendu que les réflexions que je fais ici ne s'adressent pas aux pauvres malades, ni aux pauvres honnêtes gens.

Ensuite les sociétés de bienfaisance, très-utiles et nombreuses dans les villes, sont composées en grande partie de propriétaires de biens ruraux, qui, engagés par les prêtres et les membres du gouvernement à remplir cette honorable mission, visitent et assistent les pauvres de la ville, déjà secourus de diverses manières, par les divers hôpitaux, tandis que ceux de leurs campagnes, souvent sans aucun secours, restent oubliés, parfois malades, dans leurs chaumières.

Le moindre inconvénient qui en résulte, c'est que les pauvres quittent les campagnes, qui se dépeuplent, et se portent dans les villes déjà pleines de prolétaires. De là par conséquent l'affaiblissement des races, la corruption des mœurs, les troubles et les grèves d'ouvriers; enfin les révolutions, qui toujours se fomentent et surgissent dans les villes.

J'ai peu de chose à dire sur les banqueroutiers et les faillis: c'est une matière au-dessus de mes connaissances et de mes lumières. Je suis persuadé pourtant que les lois faites à ce sujet doivent être revues, corrigées et rendues plus sévères. Combien d'ouvriers industrieux, de domestiques judicieux, d'honnêtes marchands, de bons pères de famille, qui comptaient sur des économies pour les aider, pour les soutenir dans leurs vieux jours, pour placer leurs enfants ou faire honneur à leurs affaires, ont été trompés, volés, ruinés par des marchands sans honneur et sans probité, dont l'avoir devient insaisissable pour leurs créanciers, par les reprises simulées de leurs femmes, etc., etc.!

Avant de faire des lois aussi favorables aux banqueroutiers et aux faillis, nos législateurs auraient pu et dû remarquer qu'ils sont très-souvent moins gênés, mieux nourris, mieux couverts que les malheureux qu'ils ont ruinés. Quelle différence à ce sujet entre nos lois et les lois romaines ! Elles représentent les deux excès contraires, entre lesquels, il me semble, on doit choisir un milieu.

DU NATUREL

ET DE L'HABITUDE.

L'habitude est, dit-on, une seconde nature, qui très-souvent efface et remplace la première. Mais quelle est donc, dans l'homme, cette nature qui se modifie ou même s'efface par l'habitude? Et qu'est-ce que l'habitude elle-même? A-t-on des idées claires et bien précises à ce sujet? Tâchons de démêler, pour distinguer cette habitude de l'impression primitive de la nature.

La bonne éducation, qui peut affaiblir, détourner ou corriger les inclinations reconnues mauvaises, et dont résulte l'heureuse habitude de la sagesse et du bien, a presque toujours sur chaque individu la même force intrinsèque, si je puis ainsi dire, quand elle est soutenue par la foi religieuse. Mais les passions, qui bientôt arrivent et s'y opposent, sont plus ou moins fortes et violentes, suivant le caractère naturel des individus. Ainsi, quand le caractère est ferme et les passions fortes, l'habitude n'est pas ordinairement plus faible sur l'homme fortement passionné que sur l'homme du caractère le plus doux ; c'est bien souvent le contraire (j'excepte quelques hommes très-rares, dont la perversité naturelle est indomptable). Mais elle l'est comparativement, parce qu'elle rencontre des passions naturelles plus fortes qu'elle-même, qui la subjuguent, la domptent et la bouleversent. C'est dans ce dernier cas que la vertu, fondée sur l'habitude, et soutenue par la religion et l'honneur, résiste plus ou moins aux passions violentes et déchaînées, qui déchirent l'âme de l'homme par les combats qu'elles s'y livrent, et font de celui qu'elles possèdent leur patient, leur victime, ou leur martyr. C'est alors, surtout, que les bonnes compagnies sont absolument nécessaires. L'habitude ou la répétition des mêmes faits a donc un caractère plus égal, plus uniforme et moins énergique que celui de la nature. Si l'on a cru l'habitude plus forte que cette dernière, c'est faute d'avoir bien distingué l'une de l'autre, et de n'avoir pas vu que l'habitude est souvent jointe au naturel. C'est ce qui arrive pour les habitudes qui excitent certaines excrétions aux dépens des autres, comme l'usage du tabac, ou qui remplacent indirectement et peuvent satisfaire une inclination, un besoin de la nature, qu'elles dérangent dans sa marche et trompent dans son but. Mais dans ce cas même et dans d'autres de même sorte, l'habitude serait loin d'être aussi forte que la nature, si cette dernière, par des lois civiles et d'autres institutions, n'avait subi des entraves.

D'un autre côté, l'habitude contractée par les ancêtres ou les aïeux a-t-elle de l'influence sur le caractère naturel et moral de leurs petits-enfants, indépendamment de l'éducation et de l'exemple très-puissant qu'ils reçoivent de leurs pères et mères?

S'il était vrai, comme on l'a prétendu, que l'enfant d'un souverain, élevé avec d'autres enfants sans connaître lui-même son origine, et sans que les personnes qui l'approchent la connaissent, fût pourtant reconnaissable entre ses camarades par ses manières distinguées, et l'air d'autorité de l'homme qui dirige, gouverne ou commande, il en résulterait, et cela s'explique, que cet enfant, qui est une parcelle de l'essence physique et morale de ses père et mère, serait sujet lui-même à l'influence de l'habitude contractée par ses ancêtres, dont il est une partie essentielle et intime. Mais cette impression de la coutume des pères ou des ancêtres sur leurs enfants et descendants, si elle existe, est loin d'être aussi forte que cette autre impression primitive et naturelle, qui nous est commune avec les plantes et les arbres, lesquels tiennent ordinairement des tiges qui les ont produits. D'ailleurs, cette impression habituelle de la coutume des pères sur les descendants se trouverait incertaine ou douteuse par la présomption bien fondée que les pères de l'enfant dont il s'agit avaient naturellement un caractère noble et distingué, puisqu'ils avaient su percer la foule, et obtenir le commandement, ou le titre de roi dont ils jouissaient [1].

Je pense donc que l'influence morale et directe de l'habitude contractée par la bonne éducation, fondée sur la foi religieuse et les bons exemples, est aussi puissante sur la plupart des enfants, qu'elle est faible sur ces mêmes enfants si elle provient et découle uniquement des habitudes contractées par leurs ancêtres.

Du reste, je ne méconnais pas, tant s'en faut,

---

[1]. Si les chiens chassent de race, comme cela se voit et se dit ordinairement, c'est moins, je pense, par l'habitude de leurs ancêtres que par l'exemple actuel qu'ils ont sous les yeux, et plus encore parce qu'on a choisi, depuis bien des générations, les petits des pères et mères employés à la chasse, et qui avaient cette inclination naturelle bien prononcée.

l'influence très-puissante de l'hygiène sur l'homme et sa postérité : en effet, les races se fortifient ou s'affaiblissent, se perfectionnent ou dégénèrent moralement et physiquement par les soins, ou faute des soins indiqués à l'article Mariage, et en outre selon le régime hygiénique bon ou mauvais.

L'intelligence et l'esprit de l'homme croissent et se fortifient, souffrent et s'affaiblissent avec son corps.

DE LA RELIGION

CATHOLIQUE.

1849.

LA RELIGION CHRÉTIENNE ET CATHOLIQUE NE DISPARAITRA POINT AINSI QU'ON LE DIT; ELLE CONTIENT EN ELLE-MÊME UN PRINCIPE DE PERFECTIBILITÉ, C'EST DE TOUTES LES RELIGIONS LA PLUS FAVORABLE A LA LIBERTÉ SANS LICENCE.— AVANTAGE QU'ELLE DOIT RETIRER DE LA LIBERTÉ DE L'ENSEIGNEMENT. — LA RELIGION NATURELLE, NON PLUS QUE LE COMMUNISME ET LE SOCIALISME, NE LA PEUVENT REMPLACER. — PREUVES DE CETTE VÉRITÉ.

La religion chrétienne, en s'affaiblissant insensiblement parmi les hommes, disparaîtra-t-elle enfin, et fera-t-elle place à une autre religion, ainsi que le prétendent certains penseurs soi-disant philosophes? je ne le crois pas. Car, sans parler de l'esprit de prosélytisme essentiel à cette religion, ni de la prédication qui en résulte, et qui servent puissamment à la fortifier; ni des cérémonies pompeuses particulières à l'Église romaine, qui attirent et captivent le peuple; ni de la protection intéressée et souvent bien méritée que lui donnent les gouvernements, qui la soutiendront, la garantiront et bien probablement la conserveront; que voudrait-on, ou que pourrait-on mettre à sa place dans les temps où nous vivons? La religion naturelle a des maximes morales sans doute. Mais que la faiblesse de cette religion naturelle et de ces maximes morales est grande pour soutenir l'homme dans ses misères, et pour réprimer les crimes et les vices secrets! La profession de foi du vicaire savoyard, qui renferme ce que j'ai vu de plus fort et de mieux écrit à ce sujet, a fait peu de prosélytes; et moins encore, je pense, d'hommes bien croyants et bien persuadés.

Quoi! la croyance en un Dieu qui récompense éternellement la vertu par un bonheur inexprimable, et punit le crime par des tourments épouvantables, est souvent impuissante pour retenir les hommes dans le devoir et dans la vertu, et l'on penserait les y conduire et les y maintenir « par des discours sans motifs, une morale sans fondement, et des maximes sans énergie! » Ce serait une inconséquence palpable, ce serait rêver plutôt que penser.

Des essais ont été faits de nos jours (1794). En abjurant la religion de leurs pères, Robespierre et les siens, disciples de Rousseau, voulaient la remplacer par la religion naturelle et les principes éternels de la morale. Qu'en est-il résulté? Leurs efforts, puissants pour détruire, n'ont pu rien édifier. En déchaînant tous les vices, ils ont donné la preuve certaine que ces belles maximes morales ont encore moins d'empire sur la conduite des disciples que sur celle de leurs maîtres. Ces maximes seront toujours faibles chez les savants, et souvent nulles chez les ignorants, si elles ne sont fortifiées par cet esprit de vertu qu'inspirent la crainte et l'espérance, fondées sur une foi solide : car l'homme qui réfléchit et qui pense sait que les seules lumières de la raison, sans révélation, conduisent à l'athéisme, introduit de nos jours sous le nom plus vague et plus doux de panthéisme.

Aux yeux des hommes même les plus instruits, l'Église romaine, par son autorité, ses pouvoirs et sa constitution, dont résulte la puissance absolue des conciles, contient en elle-même un principe de perfectibilité, qui, indépendamment des promesses qu'on lui a faites, la garantira (toujours philosophiquement parlant) de la destruction, et même de la dissolution dont certains rêveurs la menacent. Car Jésus-Christ, en donnant à l'Église, qui le représente sur la terre, sa puissance et son autorité, lui donna sans doute par ces prérogatives le droit d'en user, sur quelques articles des lois chrétiennes, ainsi qu'il en usa lui-même envers la loi de Moïse, qu'il transforma ou changea, parce qu'elle ne convenait plus qu'en partie à l'âge du monde où il parut[1]. Je laisse à nos docteurs et aux conciles compétents le soin de résoudre ou de trancher cette question : je la pose seulement. Du reste,

1. L'Église a tellement reconnu et exercé ce droit, qu'elle a, contrairement au premier commandement de Dieu, établi ou sanctionné le culte des images, et modifié, avec grande raison, il me semble, les lois et maximes de l'Évangile sur l'usure. Au surplus, je prie mes lecteurs de croire que, par les idées exposées précédemment, je ne veux pas insinuer qu'il soit utile ni même à propos de faire des changements en matière de religion; bien au contraire, je pense, si l'on croyait les mutations *nécessaires*, qu'il y aurait plus de précautions à prendre, et qu'il serait plus dangereux encore d'en faire légèrement qu'en matière politique et de gouvernement. Mais il me semble, et je dis que, d'après ses antécédents, autorisés par les paroles de Jésus-Christ, l'Église en aurait le droit, ainsi qu'elle en usa jadis, dans les cas indiqués, si elle le trouvait *nécessaire et convenable*. Voyez, sur tout cela, saint Matthieu, chap. v, vers. 21 et suiv.; chap. xix, vers. 3 et suiv.; saint Marc, chap. x, vers. 2 et suiv.

je crois même cette religion, par les raisons suivantes, en voie de se fortifier, et peut-être de s'étendre.

Guidé par le génie du christianisme et de la vraie philosophie, Pie IX, par sa dernière constitution, a rempli l'espérance des penseurs les plus sages ; il est entré prudemment dans les voies libérales. Cette marche nouvelle, aussi conforme au génie de notre siècle qu'aux principes du christianisme, ne peut servir qu'à sa gloire et à sa propagation.

D'un autre côté, la liberté de l'enseignement supérieur, que doit obtenir et qu'obtiendra sans doute le clergé, en insinuant plus facilement et plus sûrement la religion chrétienne dans les classes supérieures de la société, servira puissamment à la faire pénétrer, par l'exemple, dans l'esprit des peuples. Car, il ne faut pas le dissimuler, s'il est certain qu'il y a très-peu de vrais chrétiens, et que ceux même qui n'en ont guère que le nom, soient très-indifférents en matière de religion, il n'est pas moins certain que la plupart de ces derniers désirent faire instruire leurs enfants dans les principes du christianisme, qui, aux yeux même de ses ennemis, est incomparable pour maintenir les enfants dans le respect et la soumission qu'ils doivent à leurs pères et mères, ainsi que dans les bonnes mœurs et la pureté nécessaire au perfectionnement du corps et de l'esprit. Donc il me paraît logique et certain que des parents judicieux donneront la préférence aux établissements dirigés par le clergé sur la plupart des colléges, où les mauvais exemples ne sont que trop fréquents, et où règnent et se perpétuent des *abus* pernicieux surtout à la jeunesse. Du reste, il est nécessaire que les colléges et les établissements dirigés par le clergé existent et agissent concurremment ensemble; il y aura par cette concurrence émulation pour le bien et pour le mieux, ce qui ne sera qu'avantageux pour l'éducation de la jeunesse.

S'il en est ainsi, comme on doit l'espérer, la religion ne pourra que se consolider et s'étendre; elle reprendra par en haut cette douce influence aussi nécessaire à l'homme comme individu qu'à la société et au gouvernement qui en est l'âme. Que le gouvernement tolérant protége la religion tolérante, et la religion de son côté sera son plus solide appui.

Mais si la loi naturelle, si les principes éternels de la morale dénuée de la sanction religieuse et révélée, ne sont pas suffisants pour inspirer puissamment et nécessairement la sagesse et la vertu aux hommes agités par leurs passions, ceux du communisme, travestis sous le manteau du christianisme, comme on veut les introduire aujourd'hui, ne sont-ils point appelés, comme le pensent quelques savants, à remplacer la religion chrétienne, pour établir dans quelques siècles d'ici l'égalité et la fraternité parmi les hommes? Non-seulement je ne le crois pas, mais bien plus je suis persuadé du contraire. Car si le christianisme, en prêchant le mépris des richesses et promettant un bonheur inexprimable et sans fin aux riches qui donneraient tous leurs biens aux pauvres ou leur en abandonneraient une part, n'a pu engager qu'un très-petit nombre de vrais *croyants* à le faire, il me paraît improbable, impossible même que le communisme, qui n'inspire pas comme le christianisme l'abnégation de soi-même et des biens matériels de ce monde, bien au contraire, puisse, sans aucune compensation, suggérer aux hommes toujours insatiables, toujours remplis d'intérêt personnel, d'amour-propre et d'orgueil, les sentiments outrés de bienfaisance et de charité gratuite rêvés et prêchés de nos jours par quelques philosophes, et adoptés avec empressement par de pauvres ignorants, aussi insensés que maladroits ou fainéants. Je dirai donc à ces philosophes : « Ou changez la nature de l'homme, ou bien ne croyez pas à cette anomalie. » D'un autre côté, si, renonçant aux moyens de persuasion pour employer la violence, les communistes voulaient s'emparer directement ou indirectement du bien d'autrui, comme ils en ont montré l'intention, les propriétaires nombreux, par les moyens actuels dont ils jouissent, seraient encore plus en mesure que les premiers d'opposer avantageusement la force à la violence, pour se maintenir dans la jouissance de leurs propriétés.

Mais dans le cas très-douteux où ils réussiraient, leur triomphe ne serait pas de longue durée; l'ordre des choses reprendrait son cours naturel, entraîné par sa pente. Du reste, le système actuel des communistes est d'agir indirectement, et de saper l'édifice social à petit bruit : ils veulent, comme le conseille M. de Lamartine[1], « convertir, remuer, travailler et changer le monde. » Ainsi la société bien avertie doit se tenir sur ses gardes.

1. Voy. son *Voyage en Orient*, t. III, p. 224, et t. IV.

DE

LA MODÉRATION

DANS LA LIBERTÉ.

Octobre 1849.

DANS LA LIBERTÉ, COMME EN TOUTE AUTRE CHOSE, IL FAUT CHOISIR UN MILIEU. — LA TRANSFORMATION DE LA SOCIÉTÉ MOINS COMPLÈTE ET MOINS UTILE QU'ON NE PENSE. — TOUTE TRANSFORMATION, POUR ÊTRE AVANTAGEUSE, DOIT ÊTRE NÉCESSAIRE, LENTE ET MESURÉE. — POUR TRANSFORMER UTILEMENT LA SOCIÉTÉ, IL FAUDRAIT AMÉLIORER LE CARACTÈRE ET LA NATURE DE L'HOMME.

Les intelligences et les esprits marchent, dit-on ; il faut marcher, il faut les suivre. Oui, sans doute il faut les suivre, s'ils nous conduisent par un bon chemin. En cela, je ne vois qu'une difficulté : les intelligences de nos jeunes gens, des hommes même entre deux âges qui n'ont pas vu la première révolution et qui marchent si vite, sauront-elles ou pourront-elles s'arrêter, sur la pente rapide de la liberté, à un juste milieu qui serait la sagesse?

On trouve une différence très-grande entre les idées d'aujourd'hui et celles d'autrefois : je suis loin de la nier, elle est considérable. Mais toujours on préfère les idées nouvelles à celles de nos pères, le présent et même l'avenir, qu'on ne connaît pas, au passé qu'on ne connaît guère, sans toujours distinguer le vrai du faux, le juste de l'injuste, le bon du mauvais, le bien du mal : c'est à quoi je ne puis applaudir.

On dit encore : « Les intelligences se développent, les idées s'étendent et s'élargissent. » C'est encore vrai : on veut tout étudier, tout savoir, tout connaître. Mais l'intelligence ou le génie, ce feu sacré, ne s'affaiblit-il point comme la lumière quand elle s'étend?... Dans tous les cas et dans toutes les circonstances, quel avantage en résulterait pour l'homme, si, comme on le pense, le sens moral s'affaiblit à mesure que les idées s'élargissent?... La religion seule, bien inspirée et bien comprise, peut affaiblir ou détruire cette singulière anomalie.

Quoi qu'il en soit, allons au positif. L'amour-propre, qui souvent se transforme et toujours nous dirige, est une espèce de mobile, un pivot, si l'on veut, sur lequel sont assises et s'agitent les passions, les idées et les opinions des hommes, qui tournent souvent comme la girouette à tous les vents, et, bien qu'elles s'étendent fréquemment jusqu'au *vide*, même jusqu'à l'infini, elles n'abandonnent jamais ce mobile ou ce pivot; l'expérience seule, guidée par l'intérêt, qui est l'essence de l'amour-propre, les modifie parfois, ou les arrête avec peine sur certains points. Voilà l'homme de nos jours.

Aujourd'hui, 1849, je compte plus sur l'expérience qui nous arrive et sur l'amour-propre qui ne nous quittera jamais, que sur notre intelligence, marchât-elle encore plus vite ; car plus elle marcherait vite, moins ses pas seraient assurés, et moins conséquemment j'y aurais de confiance. Quand nous verrons qu'au lieu de la prospérité et du bonheur que nous attendions par la Démocratie, il ne nous arrivera que troubles et massacres, bassesse et misère, nous tâcherons, mais peut-être trop tard, d'arrêter nos idées volages, et de nous tirer de cette boue sanglante.

En conséquence, la transformation générale de la société, qui, d'après Châteaubriand et quelques auteurs, s'opère de nos jours, est bien plutôt le bouleversement général, dont, après des maux incalculables, résultera probablement la Monarchie ou le Despotisme ; car serons-nous assez sages ou assez tranquilles pour choisir un milieu ?

Pour transformer avantageusement et réellement la société, il faudrait améliorer le caractère et la nature de l'homme, ce qui a été et sera toujours à peu près impossible. Donc la transformation dont il s'agit sera sûrement moins réelle et moins complète que celle opérée par l'éducation sur un individu dont le caractère est ferme et bien prononcé (par le mélange de tous les caractères le corps social est dans ce cas) : car, quoi qu'on puisse dire et qu'on puisse faire, il surgira sans cesse des difficultés, et toujours l'éducation générale du peuple sera loin d'être aussi complète que peut être l'éducation particulière d'un individu. Et quand on pourrait la rendre aussi complète, aurait-on fait beaucoup pour le bonheur de la société et même de l'individu ? Je ne le pense pas ; bien au contraire, on n'aurait fait qu'y mettre des entraves, parce que, dans la classe prolétaire spécialement, les besoins et les passions augmentent avec les connaissances et les lumières, et que, par le trop grand nombre d'hommes instruits et le trop peu de places pour les employer, ou plus souvent encore faute de bonne conduite ou de talents suffisants, les moyens d'existence diminuent en sens inverse de l'étendue et du haut degré d'instruction.

Et que deviendrait la société, si tous les hommes favorisés par l'art et la nature avaient également de l'instruction et des talents? Déjà dans l'Algérie tout est plein de gens pour diriger et commander, tandis que les bras manquent pour obéir, exécuter et travailler.

Du reste, il ne faut pas croire que je conclue en faveur de l'ignorance contre la vraie science (telle n'est point ma pensée), mais bien contre la science incomplète et chétive, vaine et trompeuse, qui n'est que chimère, clinquant et fumée, et qui ne fait qu'ajouter aux besoins sans pouvoir les satisfaire, aux passions, à l'orgueil, aux vices, aux erreurs et aux malheurs du commun des hommes.

LE PASSÉ,

LE PRÉSENT ET L'AVENIR.

1848.

RÉFLEXIONS SUR LE PASSÉ, LE PRÉSENT ET L'AVENIR. — SOMMES-NOUS PLUS HEUREUX QUE NOS PÈRES ?

En raisonnant avec mes pensées, et plein d'incertitudes sur l'avenir de l'espèce humaine, je me suis demandé, plongé dans mes rêveries : « En quoi donc consiste cette transformation de la société qui s'opère de nos jours, et dont résultera pour l'homme, d'après nos législateurs [1], des jouissances inattendues, un bonheur inconcevable, semblable au paradis de Mahomet sur la terre ? »

Peu confiant dans ces promesses flatteuses

---

1. Proudhon, Pierre Leroux et compagnie.

que soufflent de nos jours les vents de la MONTAGNE, je me suis dit, après d'amples méditations: Elle consiste en divers changements, souvent avantageux (notamment dans les lois et les gouvernements), et en quelques inventions nouvelles, qui n'ajoutent pas au vrai bonheur de l'homme, mais qui augmentent sa puissance et font honneur à son génie. En effet, quand nous pourrions transformer, améliorer même tout ce qu'ont fait nos pères; quand nous pourrions parvenir à voyager dans l'air aussi facilement, aussi sûrement et plus économiquement qu'on ne le fait sur la terre, pourrons-nous satisfaire tous nos besoins, tous nos désirs, tous nos caprices? Non, sans doute; ils sont sans nombre et sans bornes assignables; ils augmentent avec nos connaissances, et souvent même par la facilité de les satisfaire. Oh! si nous étions assez éclairés, assez sages, assez puissants pour améliorer nos organes, nos sensations, notre nature, c'est ce qu'il faudrait faire pour nous perfectionner. Mais l'homme, rempli de défauts, imparfait par sa nature, pourrait-il jamais faire quelque chose de parfait? Peut-il même se faire l'idée de la perfection et du bonheur parfait, départis à un être matériel et sensible, sujet aux besoins de toute nature, aux vicissitudes, aux intempéries des saisons, au choc des éléments, qui naît, qui vit, qui souffre et qui meurt ?

Elle consiste encore, cette transformation si vantée, en ce que les peuples d'il y a cent cinquante ans hantaient les églises et les maisons de prière, assistaient aux sermons, ou lisaient quelques bons livres ; quand aujourd'hui les sept dixièmes du peuple de nos villes hantent les cafés, les sociétés populaires et les clubs, ou ne lisent que des journaux de l'opposition systématique. Je me suis encore demandé : « Le peuple émancipé d'aujourd'hui aura-t-il l'esprit plus juste en lisant ces journaux que s'il lisait *Télémaque*, les *Caractères* de La Bruyère, ou le *Discours sur l'histoire universelle* de Bossuet ? Et sera-t-il plus sage, plus honnête, plus heureux, prêché par Pierre Leroux, Proudhon ou Lagrange, que par Fénelon, Massillon et Bourdaloue ? » Et par suite de ces graves réflexions, j'ai comparé la société d'autrefois, d'après l'histoire et les rapports de mes ancêtres, à celle que j'ai vue il y a soixante ans et à celle d'aujourd'hui ; puis, combinant les rapports et les faits, le bien et le mal des temps passés comparés à ceux du temps présent, et jugeant surtout par les faits, je trouve en résultat : Que les ecclésiastiques, par la médiocrité actuelle de leur fortune, plus en rapport que jadis avec les maximes qu'ils prêchent; par la soumission aux lois, qui leur sont applicables comme à toutes les classes de la société; par la liberté de tous les cultes, et le contrôle réciproque, surtout de leurs ministres; par la liberté de la presse qui dévoile leurs méfaits et fait connaître leur fautes, sont, considérés dans leur ensemble, plus humbles, plus sages et plus, réguliers dans leur conduite que durant le moyen âge, surtout, et jusqu'à la révolution française de 1789 [1].

Que les princes, les grands et les riches, sans afficher leurs mauvaises mœurs, comme

---

1. Sans même considérer la source d'où ils venaient, j'estime que les présents faits aux papes par Pépin, Charlemagne et Mathilde ont été plus nuisibles qu'utiles aux successeurs des apôtres et à l'Église. En effet, aurions-nous eu pour vicaires de Jésus-Christ les fils de Marosie, les Borgia, les Alexandre VI, les Jean XII, etc., etc., si l'Église eût conservé sa simplicité, son humilité, sa pauvreté primitive? La connaissance de l'homme et de l'influence des richesses sur lui, l'histoire des papes et de l'Église depuis Jésus-Christ jusqu'à Étienne II, époque de la grandeur temporelle des papes, comparée à la suivante jusqu'au schisme de Luther, et même jusqu'en 1789, peut bien appuyer et prouver ce que j'avance.

De même, les grandes richesses du clergé anglican, qui lui permettent de ne pas résider dans les paroisses, et la corruption des mœurs d'une partie de ses membres, produiront dans un temps plus ou moins éloigné (si l'on n'y porte remède) l'affaiblissement ou la chute de cette reli-

sous nos rois, surtout depuis saint Louis jusqu'à Louis XV, ne sont pas, à quelques exceptions près, plus tempérants et plus chastes qu'ils ne l'étaient jadis ; mais, par suite des révolutions qui les ont frappés bien plus que corrigés, ils se cachent et se comportent avec plus de décence dans leur immoralité.

Que ce sont principalement les exemples précités ou indiqués (joints au trafic des indulgences, aux richesses et au concubinage d'une partie du clergé, surtout dans le moyen âge), qui ont le tout ensemble occasionné les réformes du seizième siècle, démembré l'Église, et contribué plus qu'autre chose aux révolu-

---

gion, qui probablement serait remplacée par le calvinisme, plus conforme à l'Évangile sous bien des rapports, et par le catholicisme, si le clergé catholique, à commencer par les chefs, ne méconnaît pas son origine, et s'il continue à être sage comme il l'est en Angleterre (parce qu'il est faible et pauvre), ainsi qu'en Allemagne, en France et en Belgique, et comme il le devient en Italie, en Portugal et en Espagne, parce qu'il est moins puissant et moins riche qu'autrefois, et qu'il a été frappé et un peu corrigé par les révolutions depuis 89. Du reste, les ministres anglicans seraient moins réguliers, et leurs mœurs plus corrompues encore, si, comme dans le moyen âge, la liberté de la presse n'existait pas, et s'il n'y avait pas en Angleterre d'autres religions en présence, dont la rivalité habituelle excite un contrôle réciproque et salutaire, surtout entre les ministres dissidents, non pensionnés, et les anglicans dominants, richement dotés.

tions violentes et à l'affaiblissement de la foi parmi nous. Et c'est l'absence actuelle de cette foi qu'avaient nos pères qui nous prive des secours de la religion, très-utiles surtout dans nos vieux jours, nos malheurs et nos peines, perte immense que je signale.

Que le peuple actuellement mieux couvert certainement, et mieux nourri peut-être, travaille aussi plus qu'autrefois ; mais, dans l'état présent de notre industrie, il se trouve en partie dans les filatures et les usines, affaibli, abâtardi, avili par le défaut d'air, la poussière, le mélange des deux sexes d'où résultent les occasions dangereuses, l'irréligion et la dépravation des mœurs. Donc, si les chefs des nations ne donnent plus en public d'aussi mauvais exemples, etc., si leur conduite est plus régulière ou plus décente qu'autrefois, celle de la classe ouvrière, qui fait toujours le grand nombre, est présentement plus indécente, plus irrégulière et plus mauvaise. D'un autre côté, le peuple aujourd'hui, sans avoir beaucoup plus d'instruction, est moins superstitieux et crédule que dans les temps anciens; c'est incontestable.

Ensuite nous avons des jouissances que n'avaient pas nos pères. Les habitations sont plus élevées, plus aérées et plus saines ; les routes plus nombreuses, plus douces et plus droites, mieux faites et mieux placées ; la vapeur, invention nouvelle, nous est très-utile et souvent nécessaire ; en un mot, nous voyageons plus vite, plus commodément, et l'électricité, presque aussi prompte que la pensée, porte et rapporte des nouvelles en un instant: c'est incontestable, et nous en sommes émerveillés. Mais, en réalité, quels grands avantages en retirons-nous? Est-ce bien en parcourant rapidement les distances que nous arriverons plus vite à la perfection morale et au bonheur que nous cherchons? car, en fait, l'existence a-t-elle des attraits et des charmes inconnus de nos pères, et sommes-nous en effet plus contents, plus heureux qu'ils n'étaient ? Voyons, examinons, comparons, et prenons Paris pour type, puisque d'ailleurs c'est sur Paris que la province prend l'exemple.

Il y a cent cinquante ans, les chagrins, les ennuis, le dégoût de la vie, ne causaient pas à Paris vingt suicides par année ; et actuellement il y en a près de quatre cents [1]. Nous avons donc aujourd'hui, en tenant compte de l'augmentation actuelle de la population,

---

1. Il y en eut 511 en 1826, et 14 à Naples en 1828, 29 en 1833, 31 en 1835. Naples contient plus de 400 000 habitants.

quinze suicides contre un qu'avaient nos pères. Eh bien! idolâtres des temps modernes et de l'avenir, partisans du génie progressif et moral de l'homme, sont-ce là les prémices d'un paradis où l'on aime mieux mourir que de vivre? Et si, contrairement à tous les êtres, l'homme, par la civilisation progressive, perd l'instinct de sa propre conservation, et le remplace par celui de sa destruction, quel désolant progrès de vivre ou de mourir désespéré, ennuyé, dégoûté de la vie! Et quel bonheur, quel avantage peut-il en résulter pour lui, pour sa femme et ses enfants, sa famille, ses amis, sa patrie?

D'après ces faits, je vous le demande, les inventions brillantes dont l'homme s'enorgueillit, les idées nouvelles qui l'agitent et fourmillent, font-elles les délices de ses loisirs, le bonheur de sa vie, et serais-je inexact et loin de la vérité en disant que nous sommes plus malheureux que nos pères?

En résumé, si des lois nouvelles, plus justes et plus convenables, si les arts mécaniques perfectionnés et les nouvelles découvertes, nous ont donné un bien-être et des jouissances inconnus de nos pères, peuvent-ils compenser les pertes que nous avons faites? Ils ont accru nos besoins et nos passions, et nous avons perdu en politique la tranquillité¹, en morale des biens inappréciables, au nombre desquels on doit compter l'espérance. Sublimes philosophes, je vous en conjure, ne faussez point l'étymologie du beau nom que vous portez; rendez-vous à la force de la vérité, et convenez, d'après les faits que je viens d'exposer, et ceux qui se passent actuellement sous nos yeux, que si Pierre Leroux, votre illustre chef, nous conduit en paradis, c'est par la voie douloureuse, c'est par la voie qu'a parcourue le *Christ pour arriver à la mort.*

1. Le mal est à côté du bien partout, et le mal dont il s'agit est, en général, inférieur au bien qui en résulte (1858).

DE L'AVENIR
DE L'INDUSTRIE.

Janvier 1850.

Quand les industries seront perfectionnées et les progrès impossibles, les bras seront-ils désoccupés? Les intelligences et les passions seront-elles oisives, comme on pourrait le supposer, et comme paraît le craindre Chateaubriand dans ses *Mémoires d'outre-tombe?*

Quoique l'industrie puisse encore s'améliorer, se perfectionner et s'étendre, les procédés mécaniques, qui par eux-mêmes emploient déjà bien des bras, ne pourront jamais s'appliquer avantageusement à la moitié des travaux de la campagne, non plus qu'aux maçonneries, menuiseries, charpenteries, serrureries, cordonneries, etc.

D'ailleurs, les passions, le luxe, tous les besoins factices de l'homme augmentent avec ses connaissances et son industrie ; plus l'homme, en général, est civilisé, plus il travaille de corps et d'esprit : l'histoire de tous les temps et de tous les peuples en fournit l'exemple et la preuve. Ainsi, la fabrication des dentelles et des châles, les selleries, carrosseries, peintures, en un mot, tous les arts présents et à venir, exigeant directement l'emploi et l'adresse de la main joints à l'intelligence, dont les produits, par les difficultés vaincues, acquièrent une valeur sérieuse, et restent à l'usage du riche qui veut en tout se distinguer du pauvre, ne feront qu'augmenter par la suite des siècles, et occuperont certainement un grand nombre de bras. En conséquence les bras ne seront pas plus désoccupés que les intelligences et les passions ne seront oisives ; l'excès contraire est plus à craindre, du moins sous le rapport des intelligences et des passions.

L'industrie ne pourrait être arrêtée, ou les travaux interrompus qu'accidentellement et en partie, par rapport à quelques fractions de l'espèce humaine, comme la nation anglaise, par exemple, qui produit beaucoup plus qu'elle ne consomme. Elle se trouverait aisément dans ce cas, si l'écoulement de ses produits était arrêté subitement par la guerre, ou par telle autre force majeure. Cela n'arriverait pas absolument dans le cas supposé ou prévu par Châteaubriand, et selon moi impossible, d'une république universelle, ou de l'unité des peuples, alors que toutes les barrières seraient ouvertes, et que l'industrie, librement développée, trouverait librement le débouché de ses produits.

D'un autre côté, les matières combustibles, les mines de charbon, nécessaires pour alimenter la vapeur, seront-elles inépuisables, et le galvanisme ou les huiles aidés de quelques autres substances pourraient-ils les remplacer convenablement? J'en doute, et c'est au moins un problème à mes yeux. Mais, ce qui n'en est pas un, c'est que, dans quelques mille ans, les mines de charbon seront épuisées, ou tellement difficiles à exploiter par leur profondeur, qu'un grand nombre de bras seront nécessaires pour extraire leurs produits des entrailles de la terre.

Du reste, par la destruction qui s'opère tôt ou tard d'une manière ou d'une autre, Dieu ou la Nature aplanit ces difficultés : si ce n'est par la guerre, c'est par les famines, les pestes, les maladies contagieuses de toute nature[1], dont les germes inconnus, répandus dans l'air,

---

1. Les germes de la peste sont en effet mystérieux : car, si l'air est infecté de miasmes destructeurs, pourquoi

ne peuvent être détruits, ni même affaiblis par la science humaine. Telle fut la peste noire, qui, vers le milieu du quatorzième

les hommes en sont-ils attaqués et les animaux exempts, et réciproquement presque toujours?

Pourquoi, dans des situations saines et très-élevées, comme à Saint-Germain en Laye par exemple, le choléra fit-il tant de victimes, tandis que dans les lieux plus bas des environs il n'en fit presque aucune?

Pourquoi la peste en Égypte règne-t-elle en hiver et dans le printemps qui est sec, et s'affaiblit-elle ou disparaît-elle entièrement en été, tandis qu'au contraire elle s'allume et règne à Constantinople en été, et s'affaiblit ou se détruit pendant l'hiver? On a beau dire qu'environnée de mers, de forêts et de montagnes, Constantinople nage en été dans un air constamment chaud et humide; cette raison ne me persuade pas : car, en Égypte, les villes et villages, entourés d'eau par les débordements du Nil, sont noyés, pour ainsi dire, dans les vapeurs qu'exhalent ces eaux fangeuses par la chaleur excessive de l'été.

A Rome, le quartier des juifs, resserré, infect, surchargé d'habitants et voisin du Tibre, est exempt de la *malaria*, jusqu'à un certain point, tandis que la *malaria* règne dans la plupart des autres quartiers, notamment vers Saint-Pierre, environné de jardins, bien aéré et bien situé, et dans la campagne romaine.

Les juifs sans doute ne manquent pas de dire : « Les chrétiens nous relèguent dans un coin infect, nous maltraitent, nous tyrannisent; mais le Dieu de Moïse, d'Abraham et de Jacob, qui nous fit passer la mer Rouge à pied sec, nous sauve et nous conserve, comme il sauva et conserva nos pères dans ces temps reculés. » Voilà

siècle, fit périr un quart de la population, et même les quatre cinquièmes d'après Châteaubriand.

probablement comme les juifs se consolent et se fortifient dans leur foi, et tel est le résultat ordinaire de l'intolérance et des persécutions.

CONCLUSION.

Décembre 1849.

Que conclure de toutes mes pensées, mal exposées peut-être et parfois répétées? « Qu'il faut rétrograder, diront quelques lecteurs, ou faire machinalement ce que faisaient nos pères. » Je réponds : Non, mille fois non, telle n'est point mon idée ; mais qu'il faut profiter des avantages acquis par l'industrie et les récentes découvertes, tâcher de les perfectionner et d'en faire de nouvelles ; et surtout réparer les pertes que nous avons faites. Et pour les réparer ces pertes, il faut fixer notre inconstance en politique, et fonder sur la religion tolérante un gouvernement tolérant et sagement constitué[1].

1. La tolérance religieuse, loin d'être contraire aux maximes du christianisme, comme on l'a supposé tant de fois, est bien plutôt, il me semble, une vertu chré-

C'est surtout nécessaire et sans danger dans les temps où nous vivons. Alors, et seulement alors, nous pourrons retrouver la paix sociale et cette espérance chrétienne qui consolait nos pères, et qui nous fera comme eux supporter avec résignation les chagrins, les ennuis, les maux de toute nature, adoucis ou guéris par ce baume bienfaisant.

Je conclus encore que le christianisme, qui, suivant sa nature, conduit avec sagesse dans les voies libérales, pourra s'accroître ou même s'affaiblir dans la suite des siècles; mais, contrairement à l'opinion de quelques philoso-

---

tienne. C'est par la douceur, la modération, la tolérance*, la charité, la pureté de leurs mœurs, que les premiers chrétiens ont fondé le christianisme, vaincu l'idolâtrie et même la philosophie, et c'est par ces vertus qu'il se soutiendra et s'étendra même, pourvu que ses ministres n'oublient pas cette maxime du divin Maître : « Mon royaume n'est pas de ce monde, » et qu'au lieu de gêner et persécuter qui que ce soit à cause de ses opinions, ils se contentent de prêcher leur doctrine et d'obtenir la liberté de l'enseignement, qu'ils sollicitent présentement, et qu'ils sollicitaient également dans les premiers temps du christianisme. Et qu'ils n'oublient pas, surtout, que les bons exemples font plus que les sermons, et que par conséquent ils doivent régler leur conduite sur l'exemple de Jésus-Christ, des apôtres et des premiers chrétiens.

* Voy. la *1re Épître de saint Paul aux Corinthiens*, chap. XIII.

phes, je dis qu'il ne disparaîtra pas plus de ce monde qu'il n'en fera disparaître l'esprit raisonneur et philosophique si puissant de nos jours. Loin de penser, comme Châteaubriand[1], que le mal moral disparaîtra de la terre, je pense qu'il n'en disparaîtra pas plus que le mal physique. A moins d'une révolution aussi improbable qu'inconnue, la nature sera toujours la même, et, quoi qu'il arrive, les hommes seront toujours des hommes, c'est-à-dire des êtres plus ou moins sensibles, plus ou moins passionnés, et par conséquent plus ou moins immodérés, imparfaits et malheureux.

Que les gouvernements ne *passeront* que pour faire place à des intervalles toujours trop longs d'anarchie, et ils varieront tour à tour, presque toujours dans l'ordre suivant, savoir : de la démocratie au despotisme d'un seul; et de ce despotisme, souvent longtemps prolongé, à la démocratie, en passant dans cette dernière combinaison par une ou plusieurs des nuances qui les séparent. Mais si la population continue de s'accroître; si les hommes qui possèdent des talents ou des biens ne peuvent ni s'unir ni s'entendre pour s'opposer au torrent qui les mine, le despotisme de certains hommes, plus déterminés que nombreux, dirigé par le prin-

---

[1]. Voy. *Mémoires d'outre-tombe*, Conclusion.

cipe destructeur du communisme, mettra la société un instant sens dessus dessous, et nous n'aurons la justice, la tranquillité, le repos, que par le despotisme d'un seul.

Que l'égalité absolue, sociale, morale et politique n'existera jamais plus parmi les hommes qu'elle n'a existé et qu'elle n'existe dans leur nature; bien au contraire, d'après le cours ordinaire de cette nature, exercée et cultivée sous le régime de la liberté tout entière, plus les arts mécaniques, surtout, seront perfectionnés, plus les capitaux se réuniront pour travailler en grand, moins il y aura de fortunes médiocres; et plus le petit en fortune sera petit et restera petit, sauf les talents supérieurs; en conséquence, moins il y aura d'égalité et de fraternité parmi les hommes. Témoin l'Angleterre avec sa liberté, et les États-Unis d'Amérique malgré leur démocratie. La France, considérée depuis trente ans, peut aussi prouver ce que j'avance, ainsi que la Hollande, la Belgique, etc.

Que si le christianisme, en promettant des biens inexprimables et infinis aux hommes qui abandonneraient aux pauvres la totalité ou une partie de leurs biens, n'a pu engager qu'un très-petit nombre de vrais croyants à le faire, il est improbable, impossible même que le communisme, qui n'inspire pas, comme le christianisme, l'abnégation des biens matériels de ce monde, bien au contraire, puisse, sans aucune compensation, suggérer aux hommes, toujours insatiables, toujours remplis d'intérêt personnel, d'amour-propre et d'orgueil, les sentiments outrés de bienfaisance et de charité gratuite rêvés et prêchés de nos jours par quelques philosophes.

En conséquence, la perfectibilité progressive et morale de l'homme, le paradis dont il jouira sur la terre, l'unité des peuples ou république universelle, la communauté des femmes et des biens, rêvée de nos jours par le Père Enfantin, Pierre Leroux et compagnie, auront le même sort en morale et en politique que la pierre philosophale en chimie.

NOTES.

(*a*) Un des sentiments le plus fortement gravés dans nos âmes est l'amour de nous-mêmes et le désir d'être heureux : c'est le mobile des actions humaines. Mais si les sages ne connaissaient pas l'empire des passions sur la plupart des hommes, ils pourraient croire, en les voyant choisir des femmes, que, privés de ce sentiment commun à tous les êtres, ils ne s'aiment pas eux-mêmes, et ne songent point à leur bonheur. Il n'en est rien sans doute, bien au contraire : ils se trompent, non sur le but, mais sur le moyen d'y arriver. C'est la beauté surtout qu'on recherche et qui flatte : la beauté, embellie par l'amour, est pour bien des jeunes gens la chose du monde la plus désirable ; c'est sur la beauté, ce fondement si fragile, qu'ils bâtissent avec complaisance l'édifice charmant de leur bonheur. Faut-il s'étonner qu'il s'écroule, hélas ! si vite ?

Dans de pareilles dispositions, qu'il est difficile à un jeune homme de goûter avec fruit les réflexions suivantes d'un homme célèbre, aussi prudentes que sages : « La grande beauté, dit-il, me paraît plutôt à fuir qu'à rechercher dans le mariage; la beauté s'use promptement par la possession, mais ses dangers durent autant qu'elle. A moins qu'une belle femme ne soit un ange, son mari est le plus malheureux des hommes; et quand elle serait un ange, comment empêcherait-elle qu'il ne soit sans cesse environné d'ennemis?

« Désirez en tout la médiocrité, dit-il, sans en excepter la beauté même. Une figure agréable et prévenante, qui n'inspire pas l'amour, mais la bienveillance, est ce qu'on doit préférer; elle est sans préjudice pour le mari, et l'avantage en tourne au profit commun. Les grâces ne s'usent pas comme la beauté; elles ont de la vie, elles se renouvellent sans cesse, et au bout de trente ans de mariage, une honnête femme avec ses grâces plaît à son mari comme le premier jour. »

Les avares et les orgueilleux recherchent surtout les richesses et la noblesse. Mais qu'est-ce que les richesses sans la santé, la sagesse et l'esprit? Et sans le mérite personnel, la noblesse ne serait qu'une vaine chimère, si elle n'était un aliment de l'orgueil. Les défauts très-communs et presque inhérents à la noblesse sont de manquer d'activité ménagère, de mépriser l'agriculture, les arts libéraux et le commerce : de là, par conséquent, le système du petit nombre d'enfants adopté par la plupart des nobles, et par suite l'anéantissement des fortunes et des familles. Mais il y a d'honorables exceptions.

La vraie noblesse, aux yeux du sage, est le mérite personnel; mais, il faut en convenir, ce mérite est considérablement augmenté et surtout illustré, si la personne qui en est douée peut compter au nombre de ses aïeux une longue suite d'hommes célèbres par la vertu, la sagesse et les talents. Sans m'étendre ici sur l'avantage du bon et du beau naturel, qui ont été successivement l'apanage d'une longue suite d'ancêtres, la probité, fortifiée par d'illustres exemples, peut élever l'homme au-dessus de lui-même et le soutenir dans ses faiblesses. En effet, si la mémoire de ses ancêtres lui est chère, s'il les respecte et les vénère dans ses souvenirs, leurs mânes vénérés seront sans cesse présents à ses yeux ; il sacrifiera ses passions au respect qu'il leur doit ; il se rendra digne de sa noble origine. Voilà, selon moi, la véritable noblesse. Mais celle qui n'est point fondée sur la probité, la sagesse et les talents, celle, au contraire, qui fut le prix du crime, celle qui fut achetée ou mendiée, je n'y vois que l'opprobre ou les inconvénients et les défauts dont je viens de parler.

(*b*) J'eus, à l'âge de quarante-quatre ans, plusieurs inflammations qui se succédèrent sans interruption, et qui, en nécessitant des saignées trop souvent répétées, m'affaiblirent singulièrement et me mirent enfin à deux doigts de la mort. Comme le mal est parfois bon à quelque chose, je crois devoir, pour l'instruction de mes lecteurs, donner le détail de l'état corporel et intellectuel où je me trouvais durant les jours les plus critiques de cette maladie, et surtout des diverses phases qu'ont subies les facultés de mon esprit, qui toujours s'affaiblissait comme le corps, jusqu'à mon dernier sentiment et ma dernière pensée, qui fut celle de ma mort.

Je fus pris, je pense, dans la nuit du mardi au mercredi 24 avril 1831, et cette circonstance d'être pris la nuit était à mes yeux l'indice assuré d'une grave et dangereuse maladie. D'ailleurs mon abattement, ma faiblesse et mes mains flétries, d'après les observations que j'avais faites sur d'autres malades, annonçaient également le mauvais caractère de mon mal et ma fin probable et prochaine.

Le vendredi et le samedi, la fièvre ayant faibli et redoublé alternativement, parfois j'étais sans connaissance et peu sensible à mon mal ; j'eus pourtant quelques moments lucides qui me permirent de penser et de m'acquitter de mes devoirs religieux.

Le dimanche matin, peu ou point sensible à mon mal, je n'entendais presque plus, je ne voyais presque plus.

La couleur brillante du papier neuf qui tapissait ma chambre paraissait faiblement à mes yeux ; le bruit des tambours nombreux qui précédaient la garde nationale de plusieurs cantons, et passaient près de mes fenêtres, frappait si peu mes oreilles, que je pensais qu'il se faisait à deux kilomètres loin de moi. Vers le soir, insensible à mon mal, je n'entendais plus, je ne voyais plus, je ne pensais plus, je ne connaissais plus personne : tout mon être moral avait disparu. Il en fut ainsi jusqu'au mardi matin. Dans cet intervalle de deux jours, il me passa dans la tête un rêve singulier, par lequel, me croyant mort et réuni au grand Être dont nous sommes émanés, d'après la doctrine de Platon[1], je me promenais dans les allées du cimetière, et me disais, satisfait de mon sort : « La mort n'est pas un mal, elle nous guérit et finit nos misères. »

Enfin, vers cette époque, la nuit du mardi, je pense, des sueurs abondantes, et qu'on croyait celles de la mort, me débarrassèrent des humeurs qui surchargeaient les restes de mon sang, et me sauvèrent, contrairement à l'opinion et aux prévisions du médecin.

On m'avait posé, le lundi, des vésicatoires sur les jambes, sans que je l'aie vu ni senti. Le mardi matin, le médecin, en les levant et les pansant, me piqua la jambe ; sensible à cette piqûre, je repris connaissance et me crus ressuscité.... C'est alors que, durant quelques jours, je jouis d'un plaisir inexprimable, en voyant par mes croisées les herbages, les prairies et les bosquets

---

1. Voy. son *Timée*.

d'alentour, la verdure émaillée de fleurs, les arbres, le soleil matinal et les brouillards légers, parfois suspendus sur la rivière et les coteaux. C'est alors que le chant des oiseaux sur ces arbres, le souffle des zéphyrs qui doucement les agitaient, la présence de ma femme et de mes enfants que j'avais cru ne plus revoir, tout dans ces moments fortunés me remplissait d'aise, de jouissance et de bonheur. En un mot, ranimé par une vie nouvelle, je jouissais de la nature rajeunie (c'était en mai), dans tout l'éclat, le charme, et la splendeur de sa beauté; j'étais, par la jouissance et l'espérance, comme Adam dans le paradis terrestre.

Les hommes qui étudient la psychologie et qui cherchent la vérité, les disciples de Cabanis, de Broussais, de Kardec et de Cousin, etc., trouveront, je pense, dans ce rapport, dont je garantis la véracité, un aliment solide à leurs méditations.

(*c*) La politesse et la complaisance mutuelles sont absolument nécessaires dans le mariage.

Pour être heureux époux, soyez toujours amants,

c'est-à-dire, continuez, étant époux, d'avoir mutuellement les mêmes égards, les mêmes soins, la même complaisance et la même retenue que vous aviez étant amants. C'est de tous les moyens le plus efficace pour chasser le dégoût, qui vient troubler les mariages les mieux assortis.

D'un autre côté, je dirais volontiers à une jeune épouse, d'après un auteur célèbre : « Ménagez vos plaisirs pour les rendre durables.... Il vous en coûtera des privations pénibles; mais vous régnerez sur votre mari si vous savez régner sur vous.... Vous régnerez longtemps par l'amour, si vous rendez vos faveurs rares et précieuses, si vous savez les faire valoir.... Mais dans votre sévérité mettez de la modestie et non du caprice. Qu'il vous voie réservée et non pas fantasque. Gardez qu'en ménageant son amour vous ne lui fassiez douter du vôtre. Faites-vous chérir par vos faveurs et respecter par vos refus. Qu'il honore la chasteté de sa femme sans avoir à se plaindre de sa froideur.... Il ne faut point attendre le dégoût ni rebuter le désir; il ne faut point refuser pour refuser, mais pour faire valoir ce qu'on accorde.... Ne croyez pas, avec tout cela, que cet art même puisse vous servir toujours. Quelques précautions qu'on puisse prendre, la jouissance use les plaisirs, et l'amour avant les autres. Mais quand l'amour a duré longtemps, une douce habitude en remplit le vide, et l'attrait de la confiance succède aux transports de la passion. Les enfants forment entre ceux qui leur ont donné l'être une liaison non moins douce et souvent plus forte que l'amour même. Quand vous cesserez d'être la maîtresse de votre mari, vous serez sa femme et son amie, vous serez la mère de ses enfants.

« Alors, au lieu de votre première réserve, établissez entre vous la plus grande intimité. Plus de lit à part, plus de refus, plus de caprices. Devenez tellement sa moitié, qu'il ne puisse plus se passer de vous, et que sitôt qu'il vous quitte il se sente loin de lui-même.... Tout homme qui se plaît dans sa maison aime sa femme. Souvenez-vous que si votre époux vit heureux chez lui, vous serez une femme heureuse. »

J'ajouterai à ces conseils, aussi sages que prudents, une simple considération. La pudeur et la modestie, qui sont le plus bel ornement des femmes, et qui inspirent le véritable amour autant et plus que la beauté, s'affaiblissent ou se perdent même par le mariage et ses suites, si elles n'ont soin de *s'observer*. Ainsi, les femmes qui ne sont pas attentives à les conserver, et se plaignent du refroidissement de leurs époux, ne doivent, très-souvent, s'en prendre qu'à elles-mêmes.

(*d*) Ainsi, je vous le dis et répéterai sur tous les tons : « Hantez les sages, fuyez les sociétés et les occasions dangereuses : c'est pour le plus grand nombre tout le secret de la sagesse. » Cela ne contredit point, comme on va le voir, ce que j'ai dit précédemment sur la puissance du naturel. Tâchons de poser les faits avec exactitude, et de faire les distinctions nécessaires, afin d'être clair et de nous faire bien comprendre.

Quand le caractère de l'homme est très-bon, il se porte naturellement et sans contrainte à la sagesse et à la vertu ; à moins qu'il n'en soit détourné par de continuelles et mauvaises compagnies, ou qu'il ne soit perverti tout exprès, comme Hipparinus, fils de Dion, par Denys, tyran de Syracuse. S'il reçoit seulement une éducation ordinaire, et que son intelligence réponde à son caractère, il se distinguera par ses talents et sa bonté, et deviendra, comme Fénelon, un sujet supérieur, et, suivant les occasions, peut-être le premier des hommes.

Lorsque les naturels mitoyens, faibles et légers, ne hantent que de bonnes compagnies, ils se corrigent ordinairement, et prennent insensiblement, par le bon exemple, l'habitude et le goût des choses honnêtes et du bien. Mais, hélas ! qui peut toujours avoir de bonnes compagnies ?... Et la faiblesse est toujours là. Ces caractères font le grand nombre, surtout parmi la jeunesse, les filles et les femmes.

D'un autre côté (c'est le grand avantage qui résulte des bonnes sociétés), lorsque les caractères naturels sont mauvais, et qu'ils ne hantent que de bonnes compagnies, non-seulement elles corrigent plus ou moins ces caractères par l'exemple, mais encore l'art et la force des choses viennent, en quelque sorte, au secours de la sagesse. Comme un tigre enchaîné, ou libre dans un désert, ne peut faire aucun mal, l'homme en bonne société, quoique agité par des passions violentes, est ordinairement dans l'heureuse impossibilité de les satisfaire,

En conséquence, rien de meilleur à suivre que les maximes du christianisme, rien de plus mauvais que celles de Molière et de la plupart des auteurs comiques : aussi le théâtre, pour être utile, ou du moins pour n'être pas nuisible aux bonnes mœurs, devrait être purgé, et parfois même transformé. C'est assez vous dire le mal qu'il produit, et s'il faut y conduire vos femmes et vos enfants. Si quelques pères ou maris doutent de ce que j'avance, qu'ils lisent *l'École des femmes* et *l'École des maris*, par Molière, *l'École de la médisance*, par Sheridan, *le Légataire universel*, de Regnard, etc., etc.

(*e*) C'est ce que l'on dit quelquefois. Mais je n'ai jamais vu de sujets dociles, d'enfants véritablement bons, sortir de pères et mères d'un mauvais caractère et d'une mauvaise race. On dit plus souvent, et avec plus de raison : « D'une bonne souche il peut sortir un mauvais scion. » En effet, on voit fréquemment des enfants nés de gens sages et probes, devenir indignes de leurs père et mère, et cela par une ou plusieurs des raisons suivantes : 1° parce qu'il s'est trouvé des mauvais sujets dans leur famille; 2° parce que la sagesse ou le souverain bien, dont l'essence est la justice, l'ordre et l'harmonie dans toutes nos actions, est moins facile à pratiquer que le mal, qui, par sa nature directement contraire, en est au moins la négation; 3° parce que le mal procure souvent une jouissance présente et vive, momentanée et passagère, à la vérité suivie de près par les remords, mais qui influe puissamment sur des hommes sans prévoyance et sensibles, guidés par l'agrément et le plaisir du moment; 4° parce qu'il y a des caractères faibles et dociles, sur qui les bons ou les mauvais exemples ont un puissant empire, et qui, par les raisons susdites, se portent encore plus facilement au mal qu'au bien. Ce sont surtout les hommes de ce caractère, et il y en a beaucoup, qui justifient le proverbe : « Dis-moi qui tu hantes, et je te dirai qui tu es. »

En conséquence, par la mauvaise éducation et les exemples vicieux, d'où résultent les mauvaises habitudes, on peut d'un enfant docile faire un mauvais sujet ; mais d'un jeune homme indocile, d'un mauvais naturel bien prononcé, vouloir faire un homme prudent, sage, modéré, ce sera toujours très-difficile, je dirais même impossible. Cependant il ne faut pas se décourager ; car on a vu parfois la bonne éducation, fondée sur les principes religieux, l'honneur et les bons exemples, opérer d'une manière surprenante sur quelques individus, qui paraissaient très-mal nés. Mais pourtant, la pente, le fond du caractère, est presque toujours le même.

Chassez le naturel, il revient au galop,

dit le bon La Fontaine. En effet, tout homme qui a tant soit peu observé peut facilement vérifier cette sentence de notre fabuliste, et l'histoire de tous les temps fournit des exemples pour la justifier. Je n'en citerai qu'un seul :

Speusippe, fils de la sœur de Platon, était un jeune homme indocile, violent, débauché. Son père, qui lui-même n'avait pas un caractère très-flexible, voulait le contraindre, le dompter et le corriger. Speusippe, sur qui la rigueur ne pouvait rien, quitta la maison paternelle et se retira chez Platon, son oncle, dans l'espoir d'y jouir de toute liberté. Platon, dont la sagesse est connue, étudia et ménagea son caractère, le traita avec la plus grande douceur et lui donna de bons exemples. Par ce moyen, aussi simple que sage, il s'en fit aimer, et l'engagea même à marcher sur ses traces dans l'étude de la philosophie. Mais Platon fut trop confiant dans son œuvre, et se laissa aveugler par son amour pour Speusippe, qu'il considérait comme son fils; il le crut capable de lui succéder, et, par un choix peu en harmonie avec les lois qu'il faisait dans sa *République*, lui légua par son testament, au préjudice d'Aristote, qui le méritait mieux que lui, sa chaire à l'Académie. Mais Speusippe, plutôt rangé et poli par le désir d'obtenir cette chaire que corrigé par son oncle, démasqua presque entièrement son caractère après la mort de Platon, se livra plus ouvertement à ses anciens vices, et déshonora, par son avarice, ses emportements, ses débauches, la mémoire de son oncle et la chaire de l'Académie qu'il occupait.

Du reste, les caractères et les esprits diffèrent autant que les visages, et se distinguent par des nuances infinies. Si les caractères faibles et dociles se plient plus facilement que les grands et les forts, soit au mal, soit au bien, ces derniers, à leur tour, conservent une impression plus profonde et plus durable; les suites de la mauvaise éducation sont souvent pour eux sans remède. Ils sont comme les murs et les statues en plâtre, dont la forme ou la figure première a été fausse et vicieuse. Quand une fois l'impression ou la forme est donnée, il est presque impossible d'y faire aucun changement : on les brise plutôt qu'on ne les redresse.

L'histoire ancienne nous en fournit un exemple frappant dans Hipparinus, fils de Dion, libérateur de Syracuse. Ce jeune homme, d'un caractère ferme et décidé, comme son père, resta, durant l'exil de ce dernier, au pouvoir de Denys, tyran de Syracuse. Non content d'avoir proscrit le père, Denys imagina contre le fils une vengeance aussi singulière que cruelle. Il l'environna des plus mauvais exemples, donna l'ordre de satisfaire tous ses désirs, et l'abandonna à toutes ses passions. L'activité de ce jeune homme, portée au mal par ce moyen perfide, le précipita bientôt dans les plus grands égarements. Ensuite, les mauvaises compagnies, les louanges qu'on lui donnait lorsqu'il faisait mal, par conséquent le désir d'obtenir de nouveaux éloges, achevèrent de le corrompre, et contribuèrent plus que tout le reste à le plonger dans la débauche.

Ce fut dans cet état déplorable que Dion, son père, le trouva, lorsque, rentré dans Syracuse, il eut chassé Denys, tyran de son enfant, de sa femme et de sa patrie. Désolé de la dépravation de son fils, ce père infortuné le mit entre les mains des plus habiles gouverneurs; mais, contrarié dans ses habitudes, et ne pouvant sortir de la voie du mal, Hipparinus aima mieux se jeter par une fenêtre et mourir, que de changer sa conduite.

(*f*) Les hommes d'esprit et de goût trouveront sans doute les détails de cette histoire incomplets, maigres et décharnés. C'est le jugement que portera aussi le commun des lecteurs, habitué aux romans historiques, dont la vogue est si grande de nos jours. J'aurais pu amplifier mon sujet de quelques faits négligés, et semer mes récits d'incidents plus ou moins intéressants peut-être; mais mon but, en narrant cette historiette, dont le fond est véritable, n'a pas été de faire un roman historique, à la manière de Walter Scott (d'abord il faudrait en avoir le talent), mais bien d'arriver au but moral par un exemple frappant, le plus laconiquement et le plus promptement possible. Ai-je atteint ce but? Le lecteur en jugera.

Je suis persuadé que la plupart des livres, et le mien tout le premier, sont toujours trop longs pour ce qu'ils renferment. En effet, qui pourra jamais lire ce qui s'est écrit et ce qui s'écrira?... L'homme qui aurait le talent d'abréger et de renfermer dans mille volumes ce qu'on a fait de bon, de bien dit et de bien écrit depuis deux mille ans, rendrait un grand service aux hommes studieux qui veulent s'instruire et connaître toutes choses.

(*g*) Donc, si vous êtes pauvre, travaillez assidûment, travaillez avec intelligence : c'est par le travail que vous éviterez l'ennui et l'immoralité, que vous élèverez convenablement vos enfants et pourrez vivre dans l'aisance.

Si vous devenez riches, travaillez encore, ne quittez point les affaires : cette inaction de l'esprit, ce changement d'habitudes, dont résultent le malaise et l'ennui, pourrait vous être fatal et vous conduire au tombeau ; je l'ai vu plusieurs fois. Combien de négociants, de marchands, de fabricants, tels que Solon chez les Grecs, les Médicis à Florence et les Fugger en Allemagne, ont fait dans le négoce et l'industrie des fortunes brillantes et honorables, et n'ont point pour cela dédaigné le commerce et quitté les affaires ! C'est alors qu'il faut intéresser et bien choisir ses commis, comme un roi doit choisir ses ministres* ; c'est alors encore qu'il faut être bienfaisant : c'est le plus grand plaisir que donne l'opulence et l'unique avantage, peut-être, des très-grandes richesses.

Dans tous les cas, n'oubliez pas que l'inaction dans un cabinet, dans un bureau, dans un salon, une nourriture trop délicate, des liqueurs échauffantes, une vie trop molle en un mot, affaiblissent et font dégénérer les races plus que l'indigence en bon air et les travaux pénibles dans les campagnes. C'est pourquoi l'exercice de la chasse

---

* C'est presque le seul soin qu'il faut prendre, et surveiller les inventaires.

est utile aux gens très-riches ; et, s'ils n'ont rien de mieux à faire, ils font très-bien de s'y livrer avec modération.

(*h*) L'opposition systématique, invention anglaise, et, comme bien d'autres, perfectionnée par les Français, est une des conquêtes précieuses de la civilisation moderne. En effet, les journalistes de l'opposition, qui très-souvent disent le contraire de leur pensée, contredisent toujours quand même, et soutiennent avec la même assurance le faux comme la vérité, n'usent-ils pas d'un moyen aussi sage qu'infaillible pour éclairer la marche du gouvernement, rectifier le jugement du peuple, éclairer sa foi politique et le conduire droit à la vérité, au progrès, en un mot, à la perfection intellectuelle et morale, d'autant plus sûrement, qu'il ne lit ordinairement que des journaux de l'opposition systématique?

Pour se faire une idée des progrès de la civilisation dans nos grandes villes, et surtout à Paris, qu'on mette à côté de nos ouvriers judicieux, éclairés par la lecture des journaux de l'opposition, par les ouvrages de Proudhon et toutes les lumières du communisme, un rustre de la campagne, qui n'a jamais lu de journaux ni hanté les clubs, et qui souvent même ne sait pas lire ; découvrez-lui les sublimes vérités du communisme ; parlez-lui de liberté, d'égalité et de fraternité ; conduisez-le même, si vous le pouvez, jusqu'au sanctuaire de la science du citoyen Pierre Le Roux ; renfermé grossièrement dans sa crasse ignorance, il vous dira simplement : « Ça fait mal quand n'y a pas de maître dans une maison : tout le monde ne peut pas être égal ; s'ils l'étaient aujourd'hui, demain ils ne le seraient plus. Il y a des ménagers et des gourmands, des bons ouvriers et des fainéants, des gens d'esprit et des sots : n'y a qu'à la mort qu'on est égal. »

C'est ce que j'ai ouï dire moi-même à ces rustres en mille occasions différentes.

Eh bien! voyez l'avantage de la science de nos citadins du bas étage sur l'ignorance grossière de l'homme de campagne : si un savant ouvrier, familier des journaux de l'opposition, un disciple de Pierre Le Roux par exemple, entendait les propos de ce paysan, il lui ferait, n'en doutez pas, les distinctions les plus fines, et lui prouverait le contraire de ce qu'il dit, clair comme le jour, presque sur tous les points.

(*i*) Le jeu, seule ressource des ignorants désœuvrés, pour passer le temps, qui s'écoule, hélas! si vite, est la passion la plus funeste et la plus désastreuse pour l'homme qui a le malheur de s'y livrer. Le remède le plus efficace contre le jeu serait dans la raison, si la passion pouvait l'entendre; mais la passion, toujours aveugle, est souvent aussi sans oreilles : voilà son double défaut.

Si vous avez le malheur d'être conduit par cette passion, le meilleur remède, à mon avis, est de l'extirper entièrement, ainsi que je l'ai fait moi-même à l'âge de seize ans. Il y a des passions tellement ancrées dans le caractère de certains hommes, qu'ils ne peuvent les dompter qu'en les sacrifiant complétement. Depuis cette époque (quarante-huit ans), souvent solitaire, mais toujours occupé de corps ou d'esprit, je n'ai pas éprouvé la moindre impression de langueur ou d'ennui.

Du reste, si, étant en société, vous êtes les seuls qui ne s'amusent pas du jeu, le mieux, pour ne pas se faire remarquer, est de prendre part aux plaisirs des autres, soit en jouant très-petit jeu, soit en faisant quelques paris peu importants. Mais que la passion ne s'en mêle jamais, et fuyez comme la peste les brelans et les joueurs de profession : c'est la source de chagrins et de malheurs épouvantables.

Ces maximes, si vous les suivez, préviendront de noirs chagrins, de grands désastres, et, que sais-je? peut-être le désespoir. Qui peut, sans frémir, penser à Chateaubriand sur le Pont-Neuf, prêt à se précipiter dans la rivière, après avoir perdu huit mille cinq cents francs que sa femme avait empruntés, et qui faisaient une grande partie de leur modique fortune? Voy. l'article *Jeu* du *Dictionnaire de santé et d'éducation*, par Macquart.

(*k*) Dans tous les cas, il faut bien distinguer, par exemple, entre la France et les États-Unis d'Amérique, l'Angleterre et la Suisse. Si le gouvernement républicain est le meilleur pour la Suisse et les États-Unis, je soutiens qu'il est le plus mauvais pour la France et l'Angleterre : j'en déduis les raisons dans le cours de cet ouvrage. Du reste, d'après les rapports combinés de plusieurs voyageurs, il paraît fort douteux qu'il convienne et qu'il existe longtemps aux États-Unis : les fortunes y sont trop inégales, disent-ils, et les vices naturels de la démocratie augmentent avec la population, ramassis de toutes les nations. Déjà le peuple se moque de la puissance exécutive, et chasse à volonté les autorités locales qu'il a choisies, pour en substituer de nouvelles. Dans un pareil désordre, les riches, très-nombreux en ce pays neuf et prospère, cachent leur luxe et dissimulent leurs richesses, dans la crainte d'être assassinés par leurs voisins. Il en résulte que bien des gentlemen, dégoûtés de la démocratie, se retirent dans les États monarchiques de l'Europe, pour y jouir de leur fortune et y vivre en paix.

La Suisse, au contraire, par la stérilité de ses montagnes, et par sa situation méditerranée, entourée de pays très-fertiles, se débarrasse journellement d'une partie de ses prolétaires, qui vont, comme soldats ou comme ouvriers, chercher fortune dans les États voisins, et très-souvent s'y établissent; cette émigration continuelle la débarrasse du trop-plein de sa population, et la rend conséquemment le pays le plus propice à la démocratie.

Le suffrage universel ne doit donc fonctionner que dans un pays pauvre, où le grand nombre est propriétaire, et où les fortunes ne sont pas très-inégales. Mais dans des pays manufacturiers, riches et populeux comme l'Angleterre et la France, il ne peut s'introduire qu'imparfaitement et tyranniquement, aux dépens de la liberté particulière et de la prospérité générale.

(*l*) Si Platon, dans son traité de la *République*, ouvrage de sa première jeunesse, enseigne des théories impraticables, il a, dans un âge formé, fait justice de ces théories, d'abord en refusant sa constitution républicaine aux habitants de Mégalopolis et de Syracuse, qui la désiraient, et surtout par la réponse qu'il fit à ses amis de Syracuse, qui, en proie à toutes les horreurs de la guerre civile, lui demandaient son avis sur le choix d'un bon gouvernement. Platon, plus que septuagénaire, instruit par l'expérience, leur répondit à peu près en ces termes : « Un État n'est jamais heureux ni sous le joug de la tyrannie ni dans l'abandon d'une trop grande liberté : le plus sage parti est d'obéir à des rois sujets eux-mêmes des lois. L'excessive liberté et la grande servitude sont également dangereuses, et produisent à peu près les mêmes effets. » (Platon, *Épître VIII*.) Du reste, quoique les républiques représentatives, nées des lumières et de la civilisation moderne, aient moins d'inconvénients que les démocraties anciennes, elles ne conviennent pourtant qu'à un très-petit nombre de pays pauvres, peu étendus, tels que les cantons de la Suisse, la république de Cracovie, etc., etc.

D'ailleurs, on sait que Platon, dans les derniers jours de sa vie, revisait, et corrigeait sans doute, son traité de la *République*.

(*m*) Quelques jeunes politiques, amis des nouveautés, me diront peut-être : « Le gouvernement républicain de l'an III, fondé sur le vote à deux degrés, restreint aux contribuables, et celui de 1830, n'ont pas réussi; donc leurs constitutions étaient mauvaises ou ne convenaient pas à la France. »

D'abord je répondrai que ce n'est point à cause du vote à deux degrés ni par les défauts de la constitution de 1830 que ces deux gouvernements ont failli. Car, en politique comme en morale, et même dans les affaires commerciales, celui qui pense et agit le mieux aux yeux de l'expérience et de la raison, ne réussit pas toujours le mieux, parce qu'il vient à sa rencontre des choses imprévues ou causées par des fautes en apparence légères, que l'aveugle fortune ou le hasard aggrave, et qui, par l'adresse de certains hommes qui épient les occasions et savent en profiter, produisent les plus grands effets.... Mais il n'en est pas moins vrai qu'en morale et en politique, ainsi que dans la direction des affaires, il y a de bonnes et de mauvaises maximes, applicables parfois, suivant les personnes, les temps et les lieux, et que les bonnes conduisent très-souvent et plus sûrement au bien ou au mieux que les mauvaises, qui ne réussissent que par hasard, au grand scandale des sages.

Du reste, si la république de l'an III n'a pas mieux réussi que les autres, ce n'est pas parce que le vote à deux degrés, restreint aux contribuables, est mauvais : il convient également, peut-être, aux gouvernements repré-

14

sentatifs comme aux républicains ; c'est parce que la république, en général, ne convient pas à la France, et surtout parce qu'on voulait, contrairement à tous les législateurs, fonder un gouvernement sans la religion, qui est absolument nécessaire, surtout dans les campagnes, pour rassembler, moraliser et civiliser le peuple, et qui, par cela même, doit toujours servir de base.

Cependant, si la république de l'an III avait eu à sa tête des hommes désintéressés et capables, tels que Washington et Boissy-d'Anglas, et qu'aussitôt la paix faite, elle eût licencié la moitié de son armée *et bien nourri le reste ;* si enfin elle avait rétabli les divers cultes qui existaient avant 91, ainsi que le fit ensuite Bonaparte ; débarrassée dans les élections, par sa constitution, de tous ces hommes sans feu ni lieu, moteurs et instruments des révolutionnaires et des révolutions, la France, et même la noblesse flagellée, auraient peut-être pris goût à cette république, comme ensuite elles prirent goût au gouvernement de Bonaparte, d'autant plus, probablement, que le gouvernement républicain, par sa nature moins porté aux conquêtes et à l'opposition systématique que les gouvernements mixtes et monarchiques, joint à la morale chrétienne et à l'esprit raisonneur et philosophique, qui auraient probablement dominé, guidé et servi de base, aurait, dis-je, peut-être dans un temps peu éloigné, fait justice des conquérants et de cet esprit de conquête que la religion et la raison réprouvent, essentiel et trop ordinaire aux gouvernements monarchiques, et qui est, en dernière analyse, la plaie chancreuse et honteuse de l'espèce humaine.

Ces réflexions peuvent s'appliquer en partie, et mieux peut-être sous quelques rapports, à la république de 1849.

(*n*) Dirigez la nature, et ne luttez pas contre elle, etc.

Cette maxime très-sage et d'une très-longue portée doit s'appliquer à l'homme pour son éducation dès avant sa naissance. Ainsi les mères, après deux mois de conception, doivent quitter les corps de baleines, surtout le busc, qui gêne et comprime le développement de leur fruit, si elles veulent mettre au monde des enfants vigoureux et bien constitués. Libres et sans gêne dans leurs corsages, les femmes de Sparte, robustes et fécondes, produisaient les plus beaux hommes de la Grèce.

Le sophisme ordinaire à la plupart des femmes est de dire que les corps ne les gênent pas, et que par conséquent leur fruit n'en souffre pas. Je veux bien pour un moment que leur dire soit sincère, qu'il ne soit pas dicté par le désir de suivre la mode, afin de plaire à des dandys, comme il paraît probablement. Mais on peut dire à ces coquettes : « Pourquoi, mesdames, si les corps ne vous gênent pas, écarquiller les jambes en vous pliant péniblement? »

Je veux bien encore qu'ayant le corps formé, et par l'habitude de les porter, vous ne soyez pas très-gênées par les corps de baleines : l'habitude, bonne ou mauvaise, a tant de force et d'empire! Mais cette habitude contractée est des plus funestes à l'homme ; car votre fruit nouveau, mou comme de la pâte, n'est-il pas certainement comprimé, et peut-il s'étendre, se former et se développer? C'est ainsi que les riches, affaiblis déjà par le défaut d'air et d'exercice, le luxe et la mollesse, énervent encore volontairement leur race, en la comprimant, avant sa naissance, dans le sein maternel.

Si la femme coquette ne veut, par la douceur, entendre raison, si elle ne veut affranchir son enfant des entraves qui le compriment, son mari, plus raisonnable et bon père, jaloux de conserver et fortifier sa race, est en droit, et son devoir est de l'exiger : car une femme honnête ne doit complaire à ce sujet qu'à son mari.

Qu'ils envisagent l'un et l'autre les fruits de l'inconduite dont les hôpitaux sont pleins : ces enfants, comprimés, serrés, gênés par des mères coupables pour cacher leurs fautes et leurs faiblesses, ne sont jamais que de pauvres avortons; plus des trois quarts succombent dans leur première année, et sur cent qu'on élève, il n'y en a pas dix qui ne soient faibles de corps et d'esprit.

Les corps de baleines ne sont pas moins dangereux pour les filles dans leur enfance et leur jeunesse. « Je n'oublierai jamais, dit M. Macquart, médecin distingué de Paris, que, dans l'amphithéâtre où j'appris à disséquer, on nous apporta plusieurs sujets très-jeunes, dont les côtes, qui devaient former des angles très-ouverts, venaient chevaucher l'une sur l'autre et causer à la poitrine et aux viscères du bas-ventre une gêne et des resserrements qui ont certainement causé l'atrophie et la mort de ces malheureux enfants. C'est un des cas auxquels la police générale doit sa sollicitude paternelle. Je désirerais qu'en aucun lieu de France il ne fût permis de porter ce vêtement homicide. Des corselets piqués et non baleinés doivent suffire pour le maintien, quand on croit en avoir besoin. »

Voy. le *Dictionnaire de santé et d'éducation*, par M. Macquart, article *Baleines (corps de)*.

Voy. aussi le *Dictionnaire d'hygiène*, par le docteur de Giraudeau de Saint-Gervais, article *Dangers des corsets*.

MM. les journalistes, qui se sont tant et si bien égayés sur les jupons de crinolines, qui ne sont, après tout, que ridicules, sans danger aucun pour l'espèce humaine, auraient mieux fait, il me semble, de flétrir par leur éloquence, appuyés sur tant de bonnes raisons, et de s'égayer même, à l'occasion, sur l'usage des corps de baleines, si nuisibles aux jeunes personnes, et à l'homme en général dès avant sa naissance. En effet, combien n'ont-ils pas de sujets d'exercer leur verve éloquente et plaisante sur ces femmes coquettes et busquées, gênées dans leurs corps allongés, effilées comme des guêpes ou des araignées, et qui ne peuvent se plier, ni même s'incliner, sans que le sang s'arrête et leur monte à la tête ! Le devoir d'un journaliste philosophe est d'éclairer ses lecteurs et d'être utile avant tout.

ITINÉRAIRE

D'UN

VOYAGE EN ITALIE

EN MAI 1855

ITINÉRAIRE

D'UN

VOYAGE EN ITALIE

EN MAI 1855.

CHAPITRE I.

INTRODUCTION.

Sans aucune réminiscence de l'histoire, avec autant de vérité que de simplicité, je me propose dans cet écrit de rapporter de mon voyage ce que j'ai vu de remarquable. Les hommes, les animaux, le climat, les qualités et les productions du sol, voilà ce que j'examinerai spécialement, incomplétement sans doute, mais brièvement et coulamment, si je puis. Je dirai peu de chose des antiquités.

J'ai été tellement abusé, trompé, révolté, par certains voyageurs peu sincères ou poëtes, pleins des descriptions de Virgile, et fous de l'Italie, que je veux passionnément mettre mes lecteurs à portée, d'après mon récit, de voir les hommes, les animaux, le ciel, les qualités et les productions du sol tels que je les ai vus moi-même, et tels qu'ils les verraient, je pense, s'ils faisaient eux-mêmes le voyage. Voilà mon but.

CHAPITRE II.

VOYAGE DE L.... A MARSEILLE. — SENS. — MONTBART. APERÇU DES CAMPAGNES DE PARIS A MARSEILLE.

Je pars de L.... le 22 avril 1855, et passant à Paris, j'arrive à Sens le 23, et j'y couche. Les produits de la terre sont peu avancés de Paris à Sens, et les blés surtout sont plutôt mauvais que bons.

Mardi 24, je ne puis faire usage de mon thermomètre, mais ce matin le temps est gris et froid pour la saison. Je vais voir la cathédrale. Elle est grande, plus que belle. Les statuettes qui la décorent à l'extérieur ont été mutilées et brisées dans la première révolution. Elle est en général en très-mauvais état, mais on la répare actuellement. Sa longueur intérieure est de deux cent deux pas. En somme la ville n'a rien de remarquable. Les femmes en grand nombre sont coiffées de mouchoirs, comme à Évreux et dans les environs, mais moins élégamment qu'en cette ville et sa banlieue ; quelques-unes en petites coiffes, comme dans toutes les villes de France. Du reste, dans l'ensemble de leur toilette, elles sont moins bien et moins propres que chez nous. La beauté dans les deux sexes y est aussi, je pense, plus rare.

Je pars de Sens à neuf heures du matin, et me propose de coucher à Lyon. Les produits de la terre de Sens à Dijon sont en général mauvais et le paysage peu intéressant. Je ne trouve de remarquable que la petite place de Montbard. Elle est dans une situation aussi saine qu'agréable, et mérite à tous égards d'avoir été choisie par Buffon pour étudier et connaître la nature, la voir dans sa noble simplicité, la suivre dans tous ses détails, et la peindre, comme il l'a fait, de ses couleurs les plus vives.

A un kilomètre environ de Montbard, soit en arrivant de Paris ou de Lyon par la voie ferrée, la tour ronde où travaillait cet homme célèbre s'aperçoit facilement, et paraît solitaire et retirée du village.

L'église, aussi riante que le village, est entourée, sur un espace assez grand, de jardins, de sapins et d'arbres de toute espèce, qui se trouvent exactement entre la tour et la station, et qui empêchent les voyageurs de voir la tour de ce point opposé. Il paraît, de la station, qu'il faut monter presque de tous côtés pour arriver à Montbard.

A partir de Dijon, les terres et leurs produits s'améliorent, les bourgeons des noyers et des chênes commencent à s'ouvrir ; les pêchers en plein air et les amandiers sont en fleurs ; on voit des plaines spacieuses et bien cultivées.

Mercredi, 25 avril, à quatre lieues au midi de Lyon, les lilas et les pommiers sont fleuris. Vers Montélimart, les bourgeons des noyers et des chênes sont ouverts et montrent la moitié de leurs feuilles ; les seigles, quoique petits, sont épiés, les petits pois fleuris et défleuris. En avançant vers le midi, les arbres et leurs feuilles, les fleurs et les fruits, tout avance comme les voyageurs.

Les blés, et par conséquent les terres, ne sont pas *bons* de Lyon à Valence ; mais à Montélimart il y a de belles et bonnes plaines, tout s'améliore et devient bon jusques et y compris les environs d'Avignon et d'Arles, qui sont excellents.

Le vent du nord-ouest, qu'on nomme mistral, est très-fort et nuisible en Provence. On veut en garantir les plantes et les primeurs par des haies et des cyprès placés contre le vent ; mais souvent les primeurs et leurs garants sont altérés, inclinés ou renversés par ces froids et violents aquilons.

On voit bien en passant les belles antiquités d'Orange ; elles dominent en cette ville d'une manière frappante toutes les modernes constructions. Les superbes arènes d'Arles se voient aussi de la voie ferrée. Je ne m'arrête pas à ces deux villes, parce que j'ai vu jadis plusieurs fois toutes les antiquités du midi de la France.

Il fait très-froid aujourd'hui ; les militaires, même dans les wagons fermés, mettaient la tête de leurs burnous.

Les oiseaux sont très-rares dans les contrées que nous parcourons. Je n'ai vu de Lyon à Marseille que quelques hirondelles.

CHAPITRE III.

MARSEILLE. — ÉQUIPAGES GRECS ET NAPOLITAINS. — DUPATY.

Jeudi 26 avril, à Marseille. Mon thermomètre, mis à l'extérieur de ma chambre et à l'ouest, marquait ce matin à cinq heures 9° centigrades.

Vendredi, 27, à Marseille. Le thermomètre, placé comme hier, marquait ce matin 8° centigrades. Je me suis promené aux environs de cette ville; j'ai vu du blé qui peut-être épiera dans quinze jours. Les récoltes en général, dans toutes les contrées, sont plus tardives de trois semaines qu'en 1846.

Il y a peu d'oiseaux dans tous ces parages; l'absence presque entière des forêts et des bois en est sans doute la cause. Je n'ai entendu ce matin dans la campagne qu'un moineau, vu que quelques hirondelles et des oiseaux noirs, qu'on nomme corneilles, qui volent très-haut, et se nichent dans les clochers.

A l'égard du climat, le ciel, vers neuf heures, est en général très-beau, mais la matinée pour la saison a été fraîche.

Non-seulement, à Marseille, la population est nombreuse, mais encore il s'y trouve présentement des milliers de soldats qui fourmillent sur les places, et vont gaiement au siége de Sébastopol en Crimée.

Les deux ports de cette ville, pleins de navires de toutes les nations, surtout de celles qui habitent les rivages de la Méditerranée, offrent l'aspect le plus animé; je n'ai rien vu nulle part d'aussi considérable qu'à Londres, où l'affluence, bien plus grande encore, est incomparable.

J'examine attentivement les équipages des navires grecs et napolitains qui s'y trouvent. Les premiers ont quitté le costume oriental et pris l'habit européen. Rien alors de plus ressemblant que ces deux peuples; même taille, même couleur, même visage.

J'ai remarqué parmi les matelots napolitains des faits et gestes plus expressifs qu'honnêtes à décrire ou à exprimer, qui justifient pleinement les rapports de quelques voyageurs, dont il résulte qu'un certain vice odieux et contre nature, qu'ils tiennent de leurs ancêtres, est très-commun en Italie et dans le Levant.

Un voyageur célèbre a dit : « Les artistes

anciens n'étaient-ils pas encore plus heureusement placés que les artistes modernes pour représenter la beauté, eux qui existaient dans un climat aimé du ciel qui produisait la beauté? » Est-ce que M. Dupaty, auteur de ces paroles, croyait bonnement, comme il le paraît, que l'espèce humaine est plus belle en Grèce et en Italie qu'en Angleterre, en France, en Allemagne? S'il le croyait ainsi, il se trompait grossièrement; c'est parler en poëte ou en artiste enthousiaste, et non en bien sincère et véridique observateur.

CHAPITRE IV.

DÉPART DE MARSEILLE. — VUE DESCRIPTIVE DES CÔTES D'ITALIE. — ARRIVÉE DANS LE PORT DE GÊNES. — ADMIRABLE PANORAMA. — DESCRIPTION DE CETTE VILLE. — ASPECT DES HABITANTS.

Ledit jour 27, départ de Marseille à deux heures vingt-cinq minutes du soir.

D'abord, en sortant du port, nous côtoyons les terres et découvrons la Ciotat, jolie petite ville située au pied d'une montagne très-aride, et à peu près stérile. En général, dans ces contrées méridionales, les terres montagneuses et trop sèches produisent peu de chose. Il y a pourtant au bas des montagnes, et notamment aux environs de la Ciotat, et un peu plus loin vers l'Italie, quelques oasis remarquables, qui fixent les yeux et les reposent agréablement.

Nous dépassons de nuit Nice et Monaco, et longeons à distance les côtes d'Italie. Pour se faire une idée des points de vue dont on jouit, et de cet agreste et infertile paysage, qu'on s'imagine des montagnes dont les plus hauts sommets sont encore couverts de neige, et les flancs presque nus, présentant l'aspect de pierres et sables dégradés ou déchirés par les vents, les torrents et les pluies. Le bas de la plupart de ces montagnes couvert d'oliviers, surtout, et de quelques autres arbres, entremêlés de maisons, de petites villes et de villages assez riants, en somme assez semblables aux environs de Marseille et de la Ciotat; et vous aurez l'idée de ces côtes d'Italie [1].

Mais le matin, vers sept heures, des cloches sonnent, le soleil luit, les passagers se lèvent et montent sur le pont. La scène est changée.... Quel nouveau, quel ravissant et brillant spectacle! C'est une ville charmante, qui, dans un grand hémicycle, s'élève par gradins jusqu'aux nuages. En un mot, c'est Gênes qui paraît à nos yeux, comme la beauté qui se lève et sourit le matin d'un beau jour. Je n'ai jamais vu rien d'aussi charmant, d'aussi séduisant que l'aspect de Gênes lorsqu'on arrive dans son port. Qu'on s'imagine des édifices et des mai-

---

1. Les environs de Nice et de Savone sont, dit-on, beaucoup mieux : je ne les ai pas vus.

sons de toutes grandeurs, très-bien peintes de différentes couleurs, et disposées en manière d'amphithéâtre, sur un terrain en pente rapide et qui s'élève à une très-grande hauteur, le tout entremêlé d'églises, de tours et de tourelles de toutes grandeurs; avec une ou plusieurs statues colossales qui se voient dans la partie occidentale de l'hémicycle; vers les faubourgs, des jardins plantés d'orangers, de citronniers et surtout d'oliviers, ou d'arbres en apparence semblables aux oliviers; enfin le port où l'on se trouve, spacieux, animé et abondamment couvert de navires, et l'on aura l'image de cette ville superbe, telle qu'on la voit en arrivant.

Mais en parcourant la ville, vous serez loin de la trouver aussi belle et régulière que vous l'aurez supposé. Vous trouvez, à la vérité, des édifices somptueux, de sept à huit étages, bâtis presque tous en marbre, quelques belles rues bien pavées, telles que la rue Neuve, où il y a de beaux palais; celles de Charles-Félix et de Balbi, etc.; mais bien malheureusement elles sont peu nombreuses et ont peu de longueur; la plupart sont étroites et mal droites, mal pavées, mal éclairées, à cause de la hauteur des maisons qui les ombragent et de l'espace qui leur manque.

Des portiques très-bas, vers le port, sous

lesquels se trouvent de sales boutiques de maréchaux, de ferronniers, de quincailliers, etc., et de tout ce qu'il y a de plus sale dans le bas commerce et la fabrication, déparent aussi cette partie de la ville.

Il existe encore vers le port d'autres portiques magnifiques, sur lesquels on a fait une promenade spacieuse, d'une longueur approximative d'un demi-kilomètre, pavée en marbre; mais cette moderne et superbe promenade, belle et bonne pour l'hiver et les mauvais temps, ne convient pas pour l'été, si ce n'est le matin et le soir, à cause de l'absence complète de tout ombrage.

A l'égard de la population, la basse classe est plus sale et paraît plus pauvre qu'à Marseille. Quelques femmes ont les jambes nues ou mal chaussées de bas déchirés; en un mot, elles sont mal couvertes, mal habillées, et, dans leurs ajustements, mises sans élégance, sans art et sans goût.

Mais les femmes d'une classe médiocre ou supérieure, surtout lorsqu'elles vont à l'église, portent des voiles en mousseline blanche très-longs, qui leur conviennent parfaitement, et qui devraient, il me semble, être adoptés dans tous les pays, par toutes les femmes qui sont dans l'aisance. Je n'ai vu rien nulle part d'aussi modeste, d'aussi propre et d'aussi convenable pour une femme. Il va sans dire que le grand nombre de la première classe, hommes et femmes, suivent ici les modes françaises, comme dans la plupart des villes du monde.

Du reste, les femmes, à Gênes, n'ont pas l'air moins retenu ni moins sage que dans le midi de la France; elles y sont, en général, plus graves, plus réservées et moins liantes avec les hommes que dans le Nord et surtout à Paris.

Les ecclésiastiques, à quelques exceptions près, n'ont pas un costume ni des manières respectables : un chapeau à trois cornes et une simple redingote ou un habit noir font un costume à moitié travesti qui ne leur convient pas. J'ai été au café avec un voyageur, nous y avons trouvé et laissé deux prêtres : l'un d'eux, surtout, n'avait pas, certes, les manières d'un sage et digne ecclésiastique. Je dois dire qu'en Italie on vend, dans la plupart des cafés, à boire et à manger, et celui-là, je pense, était de ce nombre. Du reste, un Génois avec qui je voyageais, me dit qu'ils y allaient comme des laïques, et ne trouvait à cela ni ridicule, ni mauvais exemple, ni mal d'aucune espèce[1].

---

1. Voyez page 325.

Une chose digne de remarque, c'est qu'à Gênes beaucoup de personnes sont marquées de petite vérole, ce qui me fait croire qu'en ce pays la vaccine est peu d'usage parmi le peuple.

CHAPITRE V.

DÉPART DE GÊNES. — ARRIVÉE A LIVOURNE. — DESCRIPTION DE CETTE VILLE. — CHANTS DES PRÊTRES; ASPECT DES HABITANTS; PROCESSIONS ET MENDIANTS BIZARRES. — LIBERTÉ DONT ON Y JOUIT. — PORT DE CIVITA-VECCHIA. — ASPECT DE CETTE VILLE.

Nous partons de Gênes le samedi soir 28 avril, et arrivons à Livourne le dimanche 29, à sept heures du matin.

Le thermomètre, mis à l'air libre sur le bateau, marquait, à cinq heures du matin, 12° centigrades.

Je loge près le port, hôtel du Nord. Livourne, dont le port est assez grand et bien garni de navires, n'a pas, en arrivant, l'aspect aussi grandiose, aussi brillant, ni aussi agréable que celui de Gênes, tant sans faut. Mais à l'intérieur, quoiqu'il n'ait pas d'aussi beaux édifices, il est bâti régulièrement; ses rues droites et de niveau sont larges et bien aérées.

La rue Ferdinand, notamment, qui du port conduit à la vaste place d'Armes et traverse la ville vers Pise, est certes une très-belle rue, bien commerçante, garnie de riches boutiques et de magasins. A l'égard de la population, quoique ce soit aujourd'hui dimanche, où le peuple met tout ce qu'il a de mieux, il m'a paru plus mal dans ses habits, plus maigre de corpulence et moins bien de figure que celui de Gênes. Les femmes de la basse classe, coiffées de mouchoirs, comme les Anglaises de nos fabriques, portent des mules au lieu de souliers; beaucoup d'entre elles vont les jambes nues et sont vêtues avec peu de goût : leur corsage, à deux compartiments, est aussi bizarre que remarquable par le mauvais goût et le mauvais effet qu'il produit.

Du reste, la petite vérole, sans doute, y fait beaucoup de ravages, car bien des personnes sont grêlées et quelques-unes ont mal aux yeux, ce qui me fait croire qu'ici, comme à Gênes, la vaccine est peu d'usage parmi le peuple.

Les hommes, de taille médiocre, ne sont pas mieux que les femmes. La beauté, dans les deux sexes, est rare en tous pays, mais plus ici que dans bien d'autres.

Les prêtres, habillés de différentes manières, n'ont pas l'air plus respectable qu'à Gênes.

Leurs voix, en général, et celles de leurs chantres, sont grêles, maigres et peu gracieuses. Les belles voix italiennes, tant vantées, ne m'ont pas encore frappé[1].

Une procession que j'ai rencontrée allant à la Madone m'a paru singulière : deux grandes files d'hommes, couverts de la tête aux pieds d'une houppelande blanche, dont la tête était percée de trois trous, en face des yeux et de la bouche, pour voir et pour respirer, suivaient gravement la bannière et les prêtres. C'est aussi bizarre qu'affreux et ridicule[2]. J'ai vu pareillement dans cette ville des mendiants hon-

1. Dans toute l'Italie, dans ces contrées où les musiciens ont, dit-on, tant de talent, et où les voix sont si belles, je n'ai entendu, hors les églises, qu'un seul chanteur, sa femme et sa guitare dont il jouait, et qui chantaient assez mal, sur la place de la Rotonde, à Rome; et un pauvre hère, sur les ruines de Pompéi, qui jouait d'une petite vielle, comme un pauvre Savoyard, en pirouettant parfois sur son talon, tout surpris de ne pas nous voir arrêter, pour l'entendre et le regarder.
Il paraît que c'est l'usage, en Italie, de pirouetter sur les talons pour arrêter et fixer l'attention des passants ; car, revenant de Pouzzoles et du cap Misène, et sortant de la Grotte de Pausilippe, une manière de moine, nous voyant passer droit sans regarder son autel ou reposoir, situé au pied de la grotte, se mit à tourner ainsi sur son talon.

2. Ce n'est pas rare en Italie, sans doute, car j'en ai vu autant à Naples.

teux, ou qui le veulent paraître, couverts de la même manière, mais la tête de leur houppelande, également percée de trois trous, est toute noire; ils ont de petites boîtes en bois, comme les quêteurs dans les églises, et demandent en les sonnant noblement l'aumône : c'est une ruse italienne des plus tristes et lugubres.

Les chevaux que j'ai vus sont, en général, mauvais; du moins ceux employés aux voitures publiques. Ces voitures, elles-mêmes, sont très-mauvaises et bien arriérées.

Le vin qu'on m'a servi, *baptisé*, n'était pas bon; il paraît que le pays en produit peu et qu'il est cher. Les terres autour de la ville paraissent assez bonnes; les blés vont épier d'ici à quinze jours. Du reste, rien n'est guère plus avancé qu'à Gênes et à Marseille.

On jouit à Livourne, sous tous les rapports, d'une très-grande liberté. Tous les cultes y sont libres, et je n'ai vu en Italie qu'en cette ville, et peut-être à Naples, des filles publiques en évidence.

Le dimanche soir, 29 avril, nous partons pour Civita-Vecchia, où nous arrivons le 30, vers neuf heures du matin. Ayant fait ce voyage presque entièrement de nuit, je n'ai vu en passant que l'île d'Elbe, ou plutôt ses rivages.

L'aspect de Civita-Vecchia, où je ne descends pas, vu de l'extérieur, est peu animé; le port, grand pour ce qu'il renferme, ne contient que dix-sept bâtiments de divers tonnages, mais en général petits; cette ville paraît s'avancer dans la mer, et ses environs sont riants et verdoyants.

CHAPITRE VI.

DÉPART DE CIVITA-VECCHIA. — ARRIVÉE DANS LA BAIE DE NAPLES. — BEL ASPECT DE CETTE VILLE, DE LA BAIE ET DE SES RIVAGES. — ÉRUPTION DU VÉSUVE, AFFLUENCE DE CURIEUX, VUE DE CE VOLCAN PRISE DE LA RUE DE TOLÈDE. — IMPORTANCE DE CETTE RUE POUR GUIDER L'ÉTRANGER.

Nous partons de Civita-Vecchia vers deux heures, et nous arrivons dans la baie de Naples, en vue de cette ville, le 1ᵉʳ mai, à neuf heures du matin.

Nous avons éprouvé hier et cette nuit le plus mauvais temps que nous ayons eu durant ce voyage; temps couvert, grand vent et petite pluie. Enfin j'ai été malade, je n'ai point dîné, je me suis couché et me suis trouvé mieux : c'est ce qu'il faut faire dans ces circonstances.

Mon thermomètre, mis à l'air libre sur le bateau, marquait hier, à quatre heures de l'après-midi, 13° centigrades. En général, dans ce voyage, et surtout hier, nous avons été gênés par le froid, et non par la chaleur.

Arrivé dans le port, malade encore, je me remets insensiblement, et je jouis, durant plus d'une heure, de l'aspect de Naples et de ses environs. Vue de cette place, je trouve cette ville plus variée, plus vaste, mais moins riante et moins gracieuse que celle de Gênes; les maisons moins fraîchement peintes; l'hémicycle moins régulier et moins complet. Mais la baie et ses bords vers le Pausilippe et Resina surtout, sont charmants; et la partie de la ville, montée par gradins jusqu'au fort Saint-Elme, est grandiose et sans pareille à mes yeux.

Je descends à Naples, et loge rue Florentine, hôtel du Commerce, chez Martin.

Aussitôt que je puis sortir, je prends la rue de Tolède qui est au bout de ma petite *rei fiorentino*, je la parcours d'un bout à l'autre, et je m'oriente. La rue de Tolède, jointe à la rue Neuve qui la prolonge, est la plus longue de Naples, et sépare cette ville en deux parties inégales en population, mais presque égales en étendue; et sa largeur et sa forme à peu près droite donnent à l'étranger de la facilité pour la distinguer, se promener seul, voir l'intérieur de la ville, et retrouver son gîte : car, semblable à une branche de cèdre dont les rameaux épars s'étendent régulièrement des deux côtés, la rue de Tolède a des embranchements ou rues plus ou moins longues, qui s'étendent à droite et à gauche par toute la ville : il y a peu d'exceptions.

Depuis cinq années, le Vésuve tranquille n'a pas fait d'éruption. Par un hasard singulier, ce soir même, jour de mon arrivée, il en fait une nouvelle. Conduit par la foule vers le carrefour d'une rue, ouverte d'un bout sur celle de Tolède, et de l'autre en face du Vésuve, je vois de là ce volcan dans toute son étendue et dans toute sa splendeur. Qu'on s'imagine une masse énorme de feu, dont les flammes, poussées par les vents du midi vers le nord, s'élevaient dans les airs du haut de la montagne, éclairaient les environs et rougissaient les nuages; des parties de lave enflammée, s'écoulant dans plusieurs directions, parfois tranquillement vers la base du volcan, ou coulant et disparaissant rapidement dans des précipices, quand, sortant de ses flancs, la pente était rapide. Un grand nombre de voitures pleines de curieux et de gens du peuple, montés et non montés sur des ânes, qui descendaient les rues, allant à la montagne; une autre multitude plus grande encore mêlée de populace, de prêtres, de moines, d'étrangers de toutes nations, pressés, entassés près de vous et contre vous, qui regardaient, qui dévoraient des yeux le volcan, et vous aurez l'idée de cet étrange et brillant spectacle [1].

[1]. Telle est l'image qu'on doit se faire des rassemblements populaires et du Vésuve le premier jour de son éruption; car les jours suivants la foule était moins curieuse, moins nombreuse, moins compacte.

CHAPITRE VII.

MUSÉE BORBONICO. — CATHÉDRALE SAINT-JANVIER ; SAINT-FRANÇOIS-DE-PAUL. — GESU-NUOVO. — PAOLO-MAGGIOR.

Mardi, 2 mai, au matin, le thermomètre placé à l'extérieur et à l'est marquait 12° centigrades.

Je vais vers neuf heures au musée Borbonico, et j'y vois en grand nombre divers objets d'art trouvés en divers endroits, mais surtout à Herculanum et Pompeï. Je ne puis, dans ce très-simple itinéraire, vous en donner un détail artistique et complet, dont je serais d'ailleurs peu capable; je vous indiquerai seulement le nom des principaux objets que j'ai vus et qui m'ont frappé, afin, si vous le désirez, d'en voir la description dans d'autres livres, ou mieux encore dans le musée par vos yeux.

En arrivant à la porte, je me trouve par hasard à la suite d'un prince allemand, avec qui nous étions venus de Livourne à Naples, et qui, comme moi, venait voir le musée. Un conservateur distingué qui l'accompagnait, montrait au prince les objets les plus intéressants, et placé près de lui, je profitais de ses indications et des détails qu'il lui faisait. Un autre jeune homme, conservateur aussi, d'une figure la plus romaine que j'aie remarquée en Italie, répondait en français à toutes les questions que nous lui faisions et nous montrait, de son côté, les objets antiques les plus remarquables.

Après avoir parcouru plusieurs salles, et vu mille objets que je ne puis décrire ni même indiquer, d'après les bornes que je me suis prescrites, je vois au rez-de-chaussée, dans une armoire vitrée, et j'en suis frappé, un amas de cendres durcies par le temps et les pluies, trouvées dans les caves de Diomède à Pompéi. Ces cendres précieuses couvraient le corps d'une femme et conservent l'empreinte reconnaissable de ses épaules et de son sein; la personne était belle sans doute, car l'empreinte ou le moule a de belles proportions. Le crâne et l'os du bras de cette femme se voient à côté.

Ensuite je remarque le Gladiateur blessé, très-belle statue;

Livie en prêtresse, trouvée à Pompéi;

Ganymède et son aigle.

Mais ce que je trouve de plus remarquable

au rez-de-chaussée est le groupe du Taureau Farnèse, chef-d'œuvre de sculpture grecque, par Apollonius et Tauriscus, sculpteurs rhodiens.

Dans la même salle :

L'Hercule Farnèse, par Glycon d'Athènes, chef-d'œuvre renommé.

Galerie des bronzes :

Le buste de Sapho;

Statue de Néron;

Drusus en grand pontife;

Buste de Platon;

Apollon hermaphrodite;

Faune dansant, remarquable et gracieuse statue trouvée à Pompeï;

Portrait de Sénèque trouvé à Herculanum;

Faune ivre, chef-d'œuvre de l'art bien conservé;

Mercure en repos, chef-d'œuvre trouvé à Herculanum;

Très-grande clef d'un conduit d'eau contenant encore le liquide qui s'y trouve renfermé depuis dix-huit cents ans;

Tête colossale de cheval très-bien représentée.

Salles supérieures :

Instruments de chirurgie, dont la plupart sont semblables à ceux dont on se sert aujourd'hui;

Clefs, serrures, etc. :

Fourneau économique pour faire griller la viande et chauffer l'eau en même temps ;

Moules à pâtisseries figurant un lièvre, une poule, un cochon de lait ;

Balances, poids et mesures (les poids sont ronds) ;

Baignoire en bronze trouvée à Pompeï ;

Deux vases en bronze incrustés d'argent, avec le nom de la propriétaire (Cornélia Chélidone), trouvés à Herculanum ;

Casque dans lequel on trouve le crâne d'un soldat ;

Objets pour écrire, encriers, plumes en bois de cèdre, timbres ou cachets, etc. ;

Instruments de musique, trompettes, clairons, cymbales, clarinettes ;

Objets servant à la toilette des femmes, miroirs de métal, peignes, vases à cosmétiques, boîte au rouge, cure-dents, agrafes, dés à coudre, fuseaux, ciseaux, aiguilles, etc. ;

Une barre de fer près de la fenêtre, qui servait à mettre aux fers des condamnés. Il y avait quatre squelettes attachés à cette barre, lorsqu'on l'a trouvée à Pompeï dans le quartier des soldats.

Jeudi 3 mai, à 5 heures 25 minutes du matin, le thermomètre placé à l'ombre et à l'est marquait 14° 1/2 cent.; le soir à 2 h. 35 min., 20°.

J'ai vu hier et aujourd'hui la cathédrale de Saint-Janvier. La chapelle du saint est d'une richesse peu commune, mais l'église n'a rien de remarquable.

J'ai vu aussi plusieurs fois l'église Saint François-de-Paul, située sur la place Royale, en face du Palais-Royal. Précédée à droite et à gauche de son entrée d'un portique demi-circulaire, soutenu par 44 colonnes, et d'un beau vestibule, cette église, bâtie par le chevalier Bianchi, est imitée visiblement du Panthéon de Rome. Elle est de même forme et de même grandeur, mais nouvellement bâtie; par son brillant et sa fraîcheur, elle lui ressemble comme une jeune et belle fille à sa grand'mère.

Je vois aussi San-Paolo-Maggior. Cette église, d'une grandeur médiocre, n'a de remarquable que deux colonnes corinthiennes, restées de l'ancien temple de Castor et Pollux sur lequel on l'a bâtie.

J'ai été voir aussi l'église Gesu-Nuovo, ou Trinita-Maggior. C'est la plus riche et la plus remplie d'ornements que j'aie vue dans cette ville.

CHAPITRE VIII.

ASCENSION AU MONT VÉSUVE. — DESCRIPTION DE CE VOLCAN; FLEUVE DE FEU. — PETITS CRATÈRES. — BRUITS DES LAVES EN CROULANT. — UN GROS MOINE BLANC ET UNE JOLIE FEMME.

Ayant trouvé une société et loué une voiture, nous allons vers sept heures du soir voir le Vésuve, par un temps très-agréable et très-doux. Éclairés par la lune dans son plein, nous montons de Résina à l'ermitage San-Salvator en deux heures, suivant une route en zigzag, qui longe un terrain accidenté, planté de vignes en guirlandes et d'arbres pour les soutenir. Arrivés à l'ermitage, nous y laissons la voiture et nous montons d'abord par des chemins ou sentiers assez doux, où se trouvaient encore des herbes et quelques arbustes. Ensuite en approchant du cône, nous prenons sur la gauche et suivons, toujours montant, un sentier rempli de scories très-rudes sous les pieds, et dont le sol ne produisait plus rien. Puis tournant un précipice déjà plein, en partie, de feux, et dans lequel coulaient des laves enflammées, qui brûlaient les plantes et les arbustes croissant dans ces gouffres, à mesure qu'elles s'y précipitaient, et s'élevaient vers les bords, nous arrivons insensiblement, et péniblement, guidés par une bande, ou torrent de feu qui sortait du volcan par une brèche, dont nous voulons approcher. Pour arriver à ce but, nous passons sur des laves non enflammées encore, ou en partie éteintes, mais qui, en nous chauffant fortement les pieds, indiquaient les feux qu'elles couvraient. Les femmes de notre société, qui se trouvaient en bon nombre, sentaient le feu plus encore que les hommes, restaient en arrière et ne voulaient plus avancer. Enfin un jeune homme plus hardi que les autres quitte la société des femmes, m'accompagne, et nous approchons de sept à huit pas de cette bande enflammée qui, en nous brûlant le visage, nous força de reculer bien vite, repoussés d'ailleurs par des laves en feu qui, brûlant à droite et à gauche, menaçaient de nous engloutir. Retirés en arrière de cinquante à soixante pas, nous restons quelques moments à contempler les feux qui nous environnaient, et notamment cette bande mouvante et roulante de laves ardentes qui, semblable à un grand fleuve dont la pente est peu rapide, écoulait ses feux avec lenteur et majesté.

Pour compléter le tableau, je dois dire que ce fleuve de laves, composé de substances plus ou moins fusibles, pouvait avoir cent mètres de largeur, et parcourir en cette place un kilomètre en vingt minutes, et qu'une partie de ces laves à moitié fondues, ou mêlées à d'autres substances en fusion, faisait en coulant et roulant une espèce de bruissement, que je ne puis décrire autrement que par celui que ferait une grande quantité de coke qui coulerait doucement sur une pente quelconque.

Désirant avec passion que mes lecteurs puissent se faire une idée complète du Vésuve et de son éruption, et s'en rendent un juste compte, comme moi qui l'ai vu, je vais ajouter à la description que j'en ai faite les quelques lignes suivantes :

Qu'on s'imagine d'abord une montagne conique plus ou moins arrondie, plus ou moins escarpée, suivant les places, mais qui s'élève graduellement de tous côtés, jusqu'à une hauteur d'environ douze cents mètres à partir de sa base ou de la mer, et à cette hauteur un abîme qui la termine, d'une largeur approximative et variable, dit-on, d'un kilomètre environ, d'où s'écoule par une brèche la plus grande partie des laves qu'elle vomit, et notamment le grand fleuve que je viens de décrire.

Qu'on s'imagine encore cette montagne bouleversée jadis par des tremblements et des volcans actuellement éteints, et ses flancs ouverts par des vallons creusés en pente plus ou moins rapide, par l'écoulement des torrents de la pluie, qui parfois tombe à verse sur ces montagnes; et, sur la pente rapide des coteaux qui longent ces vallons, des laves en fusion, qui sortent par des fentes ou petits cratères, s'amoncellent, s'étendent et grossissent à vue d'œil, jusqu'à ce que la place qui les reçoit ne puisse plus les contenir, et tombent rapidement enfin dans des précipices avec un fracas qu'on ne peut exprimer que par celui que ferait une grande quantité de coke ou de mâchefer tombant d'une très-grande hauteur. C'est ce que nous avons vu et entendu à droite du grand fleuve décrit précédemment. Et remarquez bien que ces chutes avaient lieu à deux kilomètres loin de nous, et souvent plus, ce qui affaiblissait beaucoup à nos oreilles le bruit qu'elles faisaient.

Enfin, qu'on s'imagine, ainsi que je l'ai vu, une multitude de prêtres, de moines de toute espèce, de gens de toutes les classes, d'étrangers de toutes les nations, qui allaient et venaient, montaient et descendaient; quelques-uns avec des torches montaient en trébuchant sur des laves éteintes au sommet du volcan ; d'autres, en plus grand nombre, assis sur ses flancs avec des sacs et des paniers pleins de provisions, qu'ils consommaient gaiement en sociétés diverses ; le roi lui-même ou son fils qui s'y promenaient.

Après avoir examiné, contemplé à loisir cet étrange et brillant spectacle, nous descendons de la brèche vers une heure du matin, et devançons un moine distingué accompagné d'une jolie femme (sa sœur ou sa nièce sans doute), qui doucement levait sa robe, laissait voir en partie ses belles jambes, couvertes par un jupon d'une blancheur éblouissante. Ils allaient et filaient paisiblement ensemble cette belle soirée et cette belle nuit, et descendaient comme nous, mais plus doucement que nous, vers l'ermitage San-Salvator.

Arrivés à l'ermitage, nous retrouvons difficilement nos voitures, tant il y en avait qui arrivaient, qui partaient, qui restaient. Après avoir été là une demi-heure, nous descendons vers Résina, parfois arrêtés ou heurtés par les allants et venants et toujours rencontrant jusqu'à Naples des curieux de toutes les classes, surtout des piétons, qui, d'un air pressé, allaient et portaient leurs provisions. Enfin nous arrivons vers trois heures du matin.

CHAPITRE IX.

RUINES DE POMPEÏ. — MAISON DE DIOMÈDE. — AMPHORES. — RUES ENCAISSÉES. — ASPECT REMARQUABLE DE CETTE VILLE DÉBLAYÉE. — MAISONS NOMBREUSES DE PROSTITUTION.

Vendredi 4 mai, à sept heures du matin, 17° centigrades; soir, 19°.

Accompagné d'un Génois, je prends le chemin de fer, et nous allons ensemble voir les ruines de Pompeï. Nous arrivons par la rue des Tombeaux. Les ruines considérables qui, d'abord, se trouvent à droite, sont celles des maisons de Diomède et de Cicéron. Il existe encore dans les caves de Diomède deux rangs d'amphores ou grandes bouteilles en terre grise, dans lesquelles on gardait le vin, semblables à celles dont on se sert à Rouen pour mettre l'acide sulfurique, mais plus hautes, moins larges et d'une forme plus allongée. C'est dans ce lieu retiré que s'est trouvé l'amas de cendres placé actuellement dans le musée Borbonico, qui conserve l'empreinte charmante du sein d'une femme qu'il couvrait, laquelle, surprise avec ses compagnes, se réfugia dans les caves de Diomède. Pressé de partir par mon Génois impatient, je donne un coup d'œil à la maison de Cicéron, et ne vois rien en passant de remarquable.

Rue d'Herculanum :

Auberge d'Albinus. Sur un pilastre de la face est sculpté un phallus. On a trouvé, dans cette prétendue auberge, un grand nombre de petits Priapes en or, en argent et en corail.

La Maison des Vestales : on voit sur le pavé du vestibule en mosaïque le mot *salve* bien conservé. Beaucoup de maisons étaient pavées en mosaïque, ce qui était très-beau et très-gracieux, mais demandait un long travail, et causait, par cela même, de grands frais aux propriétaires.

Une boulangerie et quatre moulins dans son intérieur. L'art du meunier et peut-être du boulanger était encore dans l'enfance il y a dix-huit siècles. Quand on voit de petites meules sans rouet ni engrenage, allant au moyen d'un levier en bois, posé dans des cavités creusées dans la meule, et mises en mouvement par des hommes ou par des ânes, on s'étonne de voir cet art de première nécessité encore si simple et si grossier, lorsque les arts tenant au luxe étaient aussi perfectionnés, pour la plupart, qu'ils le sont de nos jours.

L'amphithéâtre, situé à l'extrémité de la ville, non encore déblayée : il pouvait contenir quinze à seize mille spectateurs. Le peuple y était, dit-on, rassemblé lorsque l'éruption commença ; l'intérieur seul est déblayé : c'est trois étages de murs en gradins, et voilà tout.

Les ruines de Pompeï sont sans contredit ce qu'il y a de plus curieux en Italie et peut-être au monde : « On s'y retrouve, dit M. du Pays, au milieu du monde antique, non de cette antiquité morte, entrevue à travers les textes des livres, les doutes et les conjectures des érudits, mais de l'antiquité dans sa réalité matérielle. Une ville tout entière est là sous nos regards, conservée telle que l'ont laissée ceux qui l'habitaient il y a dix-huit cents ans. L'on peut errer dans ses rues ; visiter ses temples, ses théâtres, ses édifices ; pénétrer dans les pièces les plus reculées des maisons particulières ; retrouver dans les caves (maison de Diomède) les amphores de la dernière vendange ; voir sur les murailles les inscriptions[1]

---

1. Voici quelques-unes de ces inscriptions, traduites et publiées par M. du Pays : l'amour en est souvent le sujet : « Que je meure si jamais sans toi je consentais à

et les caricatures crayonnées par les passants; et sur le pavé la trace du dernier char qui l'a traversée. L'illusion est si vive, si présente, qu'on oublie involontairement les dix-huit siècles qui vous séparent de cette population disparue, et l'on s'imaginerait volontiers qu'il faut se hâter de profiter de la solitude momentanée de la cité et que les habitants vont y revenir. Une chose toutefois fait défaut à l'illusion : les objets mobiliers, au lieu d'avoir été conservés à leur place, ont été transportés au musée de Naples, etc. »

Je ne puis, dans ce très-simple itinéraire, vous entretenir de mille choses remarquables existantes encore en grande partie, telles que le grand théâtre, le petit temple d'Isis, la maison de Lucrétius, celle de Salluste et de Pansa, etc., ni des temples de Vénus et de Jupiter, ni de la Basilique, qui ont été fouillés et qui se trouvent presque entièrement bouleversés. Mais, pour donner une idée aussi simple que juste de cette ville exhumée, je vais tâcher, dans les quelques lignes suivantes, de

devenir même un dieu ! — La blancheur de ma maîtresse me fait détester les brunes. » On lit au-dessous : « Tu les détestes, mais tu y reviens volontiers. Signé : *La Vénus de Pompeï.* — Augé aime Arabienus. — Methé, fille de Cominié, la comédienne, aime Chrestus, » etc., etc.

vous décrire brièvement l'aspect de ses rues, de ses maisons, de ses temples et de ses ruines, afin que vous puissiez vous en faire une image et les voir en quelque sorte comme moi.

D'abord les rues de Pompeï sont en général droites et très-étroites; un seul char peut y passer. Elles sont d'ailleurs pavées inégalement en laves noires ou grises, comme celles qui pavent les rues de Naples, et offrent encore la trace des chars; mais il est probable que ce pavage actuellement irrégulier et désuni a bien souffert depuis le déblayement, par les orages et les grandes pluies qui tombent parfois à verse dans ce pays, et peut-être aussi par les roues des voitures qui servaient au déblayement.

Les trottoirs élevés et d'une largeur convenable qui les bordent étaient commodes pour les piétons, longeant des rues si étroites, mais les rues par conséquent se trouvent encaissées et pleines d'eau lorsqu'il vient des averses; aussi il y a, par places, des pierres ou *dés*, posés au milieu des rues, pour que les piétons puissent, sans se mouiller les pieds, les traverser au besoin. Il y a aussi sur les côtés, d'espace en espace, des pierres élevées, placées pour monter à cheval.

A l'égard des maisons, elles sont généralement bâties sur le même plan, et sont très-petites, ainsi que les pièces qui les composent. Elles n'ont, à quelques exceptions près, que deux étages; mais les appartements, dans leur petitesse, sont assez bien distribués et ornés de différentes manières, surtout en peintures sur les murs et pavages en mosaïques, qui n'existent plus qu'en partie, principalement les peintures qui sont presque toutes enlevées, effacées ou dégradées par les injures du temps. Les fenêtres ou croisées, peu nombreuses et petites, se fermaient ordinairement avec des volets à coulisses. Les petites boutiques sur les rues, fermées de la même manière, étaient adossées contre les maisons, qui ouvraient et recevaient le jour de l'autre côté, sur une espèce de cour ou jardin environné d'un portique circulaire ou carré, au milieu desquels il y avait une pièce d'eau, le tout plus petit, mais à peu près semblable à nos anciens monastères. Les *venereum* et les chambres surtout avaient entrée sous ces portiques aux places les plus retirées. Éclairés seulement par la porte et par l'imposte, ils avaient conséquemment peu de jour et de lumière. En faut-il beaucoup pour dormir et pour l'usage qu'ils en faisaient? Du reste, bien des maisons bâties simplement n'avaient pas d'autre jour. Le premier étage, habité par des esclaves, avait seul des ouvertures sur les rues.

Une chose remarquable, c'est qu'aucune maison n'a de cheminée : il n'y avait que des fourneaux et des manières de petits fours, avec des tuyaux comme ceux de nos poêles à peu près : il en est de même à Herculanum.

On voit encore sur les maisons et les boutiques, au lieu de numéros, le nom du propriétaire et celui du marchand, écrits en lettres rouges et parfois noires, assez mal formées et peu régulières : même actuellement encore, les Italiens écrivent plus mal que les Français et les Anglais, comme cela se voit par les affiches et les numéros des loteries, qui sont, soit dit en passant, une des grandes plaies de l'Italie.

En somme, Pompeï, couverte de laves, de pierres et de cendres par une éruption du Vésuve, il y a dix-huit siècles, et déblayée en partie de nos jours, offre l'aspect d'une ville brûlée, et dont les murs et les colonnes des temples parfois renversés, sont peu noircis par la fumée et les flammes[1].

Quoique Pompeï ne soit qu'au tiers déblayée, il existe au moins quatre maisons de

---

1. Les temples de Vénus et de Jupiter, ainsi que la Basilique, qui étaient des plus grands édifices de Pompeï, renversés sans doute par le tremblement de terre de l'an 63, n'avaient pas été probablement rétablis, car les murs et les colonnes actuellement bouleversés et couchés sont dans un état complet de ruine et de dégradation.

prostitution qui le sont. On les reconnaît à un phallus et à des lanternes de terre cuite qu'elles ont parfois à l'entrée, et surtout à des inscriptions et des peintures obscènes, gravées ou peintes sur les murs, qui indiquent suffisamment l'usage de ces maisons, et les mœurs de ceux qui les fréquentaient. En comparant, sous ce rapport, cette petite ville avec celle de Naples, qui est au moins quinze fois plus grande, on voit clairement, d'après les renseignements que j'ai obtenus, l'influence favorable du christianisme sur les mœurs, et l'avantage qu'en retirent les sociétés modernes.

Les terres voisines ou qui la couvrent encore à une hauteur de trois à quatre mètres, plantées de vignes ou semées de grains, sont d'une très-grande fertilité. Mêlées de quelques laves peu nombreuses transformées par le temps en pierres ponces, elles sont mouvantes et légères comme de la cendre; semblables sous ce rapport aux terres et argiles provenant de nos fourneaux usés et démontés, qui ont été chauffés et brûlés durant plusieurs années par un feu continuel.

CHAPITRE X.

MONASTÈRE SAINT-MARTIN. — VUE CHARMANTE DONT ON Y JOUIT.

Le samedi 5 mai, à six heures un quart du matin, 18° centigrades; à deux heures du soir, 20°.

Je vais voir aujourd'hui, monté sur un âne, la fameuse église et le monastère Saint-Martin. C'est de là qu'on jouit, quand le ciel est pur, d'une vue la plus étendue, la plus belle et la plus charmante qu'on puisse voir. On a pu dire de ce monastère que c'est un paradis sur la terre. Placé à deux cents mètres environ au-dessus de la ville, et favorisé d'ailleurs par la beauté du jour, non-seulement je découvre Naples dans toute son étendue, mais encore les jardins et les cultures à fleur d'eau, les coteaux et les montagnes qui l'environnent, tels que la Somma, le Vésuve encore fumant et vomissant ses laves; et toute cette file charmante de villes et de villages qui longent la côte bien cultivée jusqu'à Castellamare ; mais une brume légère, rendue brillante par les rayons du soleil, m'empêche de voir Vico, Sorrente et toutes les îles répandues dans ce beau golfe.

Un moine qui se trouvait là m'a conduit dans les divers compartiments de l'église, et dans les chapelles nombreuses qui en dépendent, en me donnant en français des explications et des indications avec une politesse et une grâce remarquables. C'est alors qu'inspiré et charmé, peut-être, par la beauté du panorama et la bonne réception de ce moine, je trouve en général, au premier coup d'œil (c'est bien souvent le plus juste), les décorations magnifiques, les peintures très-belles, et les sculptures encore mieux. Je ne sais si c'est par complaisance ou par sincérité, mais le moine a paru frappé de mon jugement, et tout à fait de mon avis.

CHAPITRE XI.

EXCURSION VERS POUZZOLES ET LE CAP MISÈNE. — GROTTE DU PAUSILIPPE. — POUZZOLES. — MAISON DE CICÉRON. — LAC LUCRIN. — LAC AVERNE. — GROTTE DE LA SIBYLLE. — BAIES. — PISCINE ADMIRABLE. — SOLFATARE. — TOMBEAU DE VIRGILE.

Dimanche 6 mai, à six heures du matin, 16° centigrades; à sept heures et demie du soir, 19°.

Aujourd'hui 6 mai [1], accompagné de la baronne de P...., nous faisions une excursion vers Pouzzoles et le cap Misène, passant par la grotte du Pausilippe et laissant à gauche de

1. Je vis, hier 5 mai, vers le soir, en passant dans la rue de Tolède, une espèce de confrérie qui se rassemblait, dont les membres sémillants portaient de petites croix de quatre à cinq pieds de hauteur, très-simples, ornées sur le croisillon d'un petit chaperon de couleur brune, le tout ensemble représentant assez bien les vieux portraits des apôtres. Rendu à mon hôtel, j'appris qu'on faisait le soir même la liquéfaction du sang de saint

l'entrée le tombeau de Virgile, que nous verrons en repassant. Cette grotte peut avoir cinq cents mètres de longueur, et à peu près dix-huit mètres de hauteur aux deux entrées; mais toujours baissant par les deux bouts jusqu'au milieu, où le passage n'est pas plus haut que les tunnels de nos chemins de fer. Elle est creusée simplement dans la roche, et n'est point maçonnée comme nos tunnels.

Au sortir de la grotte nous passons un village et nous entrons dans une campagne des plus fertiles qu'on puisse voir. Nous remarquons, chemin faisant, des fèves avancées, brûlées par les gelées, il y a une quinzaine de jours (du 20 au 25 avril); des citronniers, par la même cause, avaient aussi bien souffert et perdu leurs feuilles.

Arrivés à Pouzzoles, ville jadis considérable et très-peuplée, actuellement bien déchue, n'ayant plus que sept à huit mille habitants, nous prenons un cicerone, nommé Joseph, pour avoir des renseignements, et nous con-

---

Janvier. Très-fatigué de mes courses, je n'y fus point; mais une baronne logée avec nous, présente à cette pieuse cérémonie, et qui se trouva tout près du prêtre ou de l'évêque faisant l'opération, nous dit qu'après qu'on eut agité le sang durant quelques minutes, il devint enfin liquide. Je regrette beaucoup actuellement de n'y avoir pas été.

duire dans les lieux principaux, remarquables naturellement, ou célèbres dans l'histoire.

Entre Pouzzoles et le lac Lucrin, Joseph nous fait remarquer les ruines de la maison de Cicéron, nommée l'Académie. Dans un état complet de dégradation, ces ruines n'ont de remarquable que le beau nom de la maison dont elles sont les restes, et le nom plus remarquable encore de leur antique et célèbre propriétaire.

Arrivés au Lucrin, qui a peu d'étendue, nous quittons la route et nous allons sur la droite voir le lac Averne, bien plus important et plus intéressant. En arrivant sur ses bords, nous trouvons une multitude de petites grenouilles qui sautaient dans nos jambes, en telle quantité que je n'ai jamais rien vu de semblable. Nous remarquons dans ce lac de petits bouillonnements, produits sans doute par des sources qui l'alimentent, car ils ne peuvent provenir de la chaleur de l'eau, qui, sans être froide, n'est pas même tiède.

Ensuite nous allons sur la droite voir la grotte du Chien, dans laquelle nous ne faisons pas descendre celui qui nous attendait près de cette grotte avec son maître, ne voulant pas gêner cet animal pour satisfaire notre curiosité.

Ensuite sur la gauche, au rez-de-chaussée, nous entrons dans des manières d'étuves qui,

portant une chaleur suffocante et sulfureuse, me forcèrent d'allonger mon pas pour les franchir et passer lestement.

Toujours dans la même direction et près des bords du lac, nous longeons un bois dans lequel chantait un rossignol, et nous arrivons à la grotte de la Sibylle, en partie pleine d'eau, dans laquelle nous descendons, d'abord à pied sec, et ensuite montés sur des guides qui nous portent dans l'eau jusqu'au fond de la grotte, et dont l'un succombe sous le poids de la baronne. Ces guides nous font remarquer vers le milieu de cette grotte quelques peintures en mosaïque.

Les anciens considéraient l'Averne comme l'entrée des enfers, et Annibal vint avec son armée sacrifier à Pluton sur ses bords.

Ce lac, entouré de collines couvertes de bois, et occupant le fond d'un cratère, peut avoir trois kilomètres de circonférence et se trouve isolé de maisons, dans un endroit solitaire et retiré.

Quelques voyageurs ont dit qu'il y a sur ses bords des vignes et des orangers : je n'en ai pas vu; mais, très-occupé des souvenirs de l'histoire et des phénomènes de la nature que j'avais sous les yeux, j'y donnai peu d'attention, et n'en fis pas le tour : il peut donc y en avoir. Du reste, je n'ai pas vu comme Chateaubriand la baie de Naples bordée d'orangers; j'y en ai vu très-peu, excepté à Sorrente, où il y en a beaucoup.

Ensuite revenant sur nos pas, nous quittons le lac Averne, et rendus à la route de Baïes, nous restons un instant à contempler, à jouir de la belle vue du golfe et de ses riants rivages. A gauche, la montagne des Camaldules, Pouzzoles et l'île de Visida; au-dessus, le Vésuve toujours fumant et vomissant ses laves; en face, Castellamare et Sorrente avec leurs montagnes verdoyantes et cultivées en partie; à droite, les rivages et coteaux de Baïa, couverts de ruines entremêlées de cultures bien soignées.

En suivant la route de Baïa, on voit sur la droite, mêlés dans les terres, des murs et des constructions bouleversés par les volcans et les tremblements; puis on trouve les étuves de Néron, dans lesquelles je n'entre qu'en partie, suffoqué par la chaleur sulfureuse, et où pénètre jusqu'aux sources mon intrépide baronne, qui revient couverte de sueur.

Ensuite nous voyons à gauche le temple de Diane, dont la voûte en briques est en partie tombée. Un peu avant et tout près sur la droite, nous trouvons ce qu'on nomme les temples de Vénus et de Mercure, qui ne sont réellement que des salles de bains, appartenant jadis à de grands personnages, qui avaient près de là des villas. Dans l'une de ces salles, la disposition des murs est telle qu'en parlant très-bas dans un bout, on se fait entendre dans le bout opposé par ceux qui ont l'oreille placée contre le mur. Un peu plus loin, dans une petite auberge, nous mangeons des huîtres et buvons du bon vin, dont je rapporte chez moi quelques verres. La maison d'Horace était, dit-on, près de là.

Nous allons voir sur la gauche les prisons de Néron, que d'autres disent être les celliers de sa villa ; cette dernière opinion me paraît plus probable. Ce sont des manières de caves ou carrières assez vastes, et voilà tout. Puis nous entrons dans le hameau de Bauly, où étaient les villas des Césars, Hortensius, etc., etc. Nous voyons ensuite la piscine admirable, dans laquelle je descends, et qui n'a d'admirable à mes yeux que le nom ; soutenue par quarante-huit pilastres, cette piscine est très-grande et moitié pleine de terre. Elle servait à conserver des eaux pour l'usage de la flotte et des villas des environs. De là nous voyons les îles de Procida et d'Ischia, et sommes près du cap Misène. Ensuite, le même jour, nous repassons par Pouzzoles et nous allons, montés sur des ânes, voir la Solfatare, espèce de volcan moitié éteint. Placée dans le fond de son ancien cratère, la Solfatare n'est point percée perpendiculairement comme les autres volcans, mais bien de gauche à droite en y arrivant ; et sa bouche étroite, qui parfois lance des pierres, d'après notre cicerone, n'a que quelques mètres de largeur. Mon intrépide baronne, peu craintive des pierres qu'elle lance, s'est assise sur une grosse placée à l'entrée du gouffre, pour bien le voir et l'examiner. Pour moi, j'ai bien été jusqu'à l'entrée, mais j'y suis resté peu de temps, suffoqué par l'odeur du soufre et la fumée qui sortait du gouffre, soufflant et ronflant plus fort que des soufflets de grosse forge. Lorsque le Vésuve est en éruption, on remarque que la Solfatare est très-agitée. Aussi l'est-elle beaucoup en ce moment.

Le sol des environs est creux, tremble et résonne en le frappant du pied. La terre blanche et soufreuse du vieux cratère ne produit guère que de mauvais bois. La fabrique de soufre et d'alun n'y est plus : on trouve en Sicile des mines plus abondantes, et par cela même plus avantageuses.

Ensuite nous allons voir l'amphithéâtre de l'antique Pouzzoles, remarquable par sa grandeur et assez bien conservé. On estime qu'il pouvait contenir trente mille spectateurs. Nous voyons aussi la cathédrale moderne, avec des colonnes corinthiennes, provenant du temple d'Auguste, sur l'emplacement duquel elle est bâtie. Elle a d'ailleurs peu d'importance.

En revenant à Naples, nous visitons le tombeau de Virgile, placé sur une éminence bien cultivée, de l'autre côté du Pausilippe. C'est de là qu'après avoir gravi cette hauteur, on jouit, vers Naples et Résina, d'une vue délicieuse. C'est au milieu de cette nature incomparable que Virgile composa la plupart de ses ouvrages, et notamment ses *Églogues* et ses *Géorgiques*.

Les lauriers plantés par Pétrarque et Casimir Delavigne sont morts. On ne voit plus qu'une épitaphe placée rez-terre, que je ne pus bien lire ni copier, à cause de la faiblesse de ma vue et de la fin du jour qui approchait. Je la crois faite par un bibliothécaire de la reine de France, femme de Louis-Philippe.

CHAPITRE XII.

VILLA-RÉAL. — ALLÉES D'ARBRES. — VUE CHARMANTE SUR LE GOLFE.

Lundi 7 mai, à cinq heures du matin, 15°,5 centigrades; à quatre heures du soir, 20°.

Je fais différents achats et paye ma place à la voiture soixante-quatre francs et quelques centimes, un franc vingt centimes par lieue. Je vais voir aussi la Villa-Réal, espèce de jardin public longeant la mer et la rue de la Chiaja, et qui n'a rien de remarquable que la belle vue dont on jouit sur la mer. Quelques voyageurs ont dit qu'il y a des orangers dans cette villa : je n'en ai pas vu. On y a planté, avec d'autres arbres, quelques pins ou sapins qu'on arrose fréquemment, et qui croissent difficilement dans ce pays : avec moins de soins ils poussent mieux dans le Nord.

CHAPITRE XIII.

EXCURSION A SORRENTE PAR CASTELLAMARE ET VICO. — EAUX SULFUREUSES. — ORANGERS. — VUE DE CAPRÉE.

Mardi 8 mai, à quatre heures trente-cinq minutes du matin, 14° centigrades; à huit heures et demie du soir, 16°.

Nous allons voir Sorrente avec la baronne et compagnie, par le chemin de fer jusqu'à Castellamare, où il finit, et prenons ensuite une voiture pour faire trois lieues environ qui nous restent. La route n'est pas large, mais elle est très-bonne jusqu'à Sorrente. Nous jouissons dans ce voyage d'une vue magnifique, de l'aspect d'une nature grandiose et prodigue de ses dons. A droite, la mer avec ses îles enchantées; à gauche, des files de maisons, ou plutôt une ville tout entière depuis Naples et Portici jusqu'à Torre dell' Annonziata, et même Castellamare. Au-dessus, et surtout vers la mer, quand il y a terre, des cultures bien soignées, des plantes bien venantes, une végétation extraordinaire.

Nous trouvons sur la route et sous la route, presque au niveau de la mer, plusieurs sources ou ruisseaux dont l'eau fétide, blanche et sulfureuse, me suffoque et me gêne la respiration. Ensuite nous contournons un petit golfe, et voyons sur la gauche un village fort peuplé de maisons éparpillées, sur un terrain en douce pente vers la mer, d'une fertilité admirable. Enfin nous arrivons à Sorrente par des jardins pleins d'orangers, longeant la route, et par une allée bordée de rosiers tout en fleurs; nous entrons à notre hôtel, placé sur une roche éminente, taillée à pic sur le bord de la mer, en face de Capri, l'ancienne Caprée : la mer agitée nous empêche d'y aller.

Il y a beaucoup d'orangers autour et près de Sorrente; je n'en ai vu guère aux environs de Naples qu'en cette localité, et nulle part d'aussi beaux : comme souvenir de voyage, j'en ai chez moi un rameau et des fleurs que j'ai rapportés.

Sorrente, petite ville entourée d'un profond ravin, n'a de remarquable, à mes yeux, que la naissance qu'elle a donnée au Tasse; la beauté de ses femmes, assez bien mises; ses beaux jardins pleins d'orangers; la fertilité de son sol et ses vues délicieuses : car ses antiquités sont peu de choses.

La mise des ecclésiastiques n'est pas aussi riche qu'en France, il paraît, car la femme qui nous conduisait dans l'église et la sacristie nous fit voir dans cette dernière le bonnet de l'archevêque, fourré bonnement entre l'armoire et la muraille, qui, loin d'être brillant comme ceux de nos prélats, n'est pas même doré. La belle et grosse sacristine qui nous le montrait me le mit gaiement ou me le fit mettre sur la tête : jamais de ma vie je n'avais été coiffé de cette manière, et probablement je ne le serai plus.

En sortant de cette ville, sur la route de Naples, on voit quelques palmiers, comme il s'en voit à Hyères, en Provence, et des noyers comme ceux de la Limagne, en Auvergne, dont la peau verte et luisante annonce la prompte croissance et la vigoureuse végétation. Sur les montagnes, les terres brûlées par les volcans, en partie cultivées, sont presque aussi fertiles que dans les plaines.

Il a tombé de l'eau à Naples aujourd'hui, et très-peu à Sorrente.

CHAPITRE XIV.

AVERSO. — CAPOUE. — DESCRIPTION DE LA CAMPANIE, DU PEUPLE DE NAPLES ET DE SES ENVIRONS.

Mardi 9 mai, départ de Naples à huit heures du matin.

De Naples nous allons à Averso et ensuite à Capoue, première et deuxième poste royale. Bâtie à deux kilomètres de l'antique Capoue, célèbre dans l'histoire par le séjour d'Annibal, trop longtemps prolongé pour sa gloire, la moderne Capoue n'a rien de la grandeur ni de la splendeur de l'ancienne : assez bien bâtie, sept à huit mille habitants dans l'aisance, peu de commerce; voilà tout.

Averso, plus grande que Capoue, est située comme elle au milieu de terres légères et saines, d'une admirable fertilité. Il y a, dans cette contrée, exempte de marais, tout ce qu'il faut à l'homme pour sa prospérité : une saine et bonne nourriture, un bon air, un travail facile et modéré. Aussi l'espèce humaine y est-elle remarquable par sa bonne mine, sa vigueur et son air de bonne santé. Une jeune personne, marchande d'oranges près de la poste, était vraiment d'une beauté rare. Les habitants de ces contrées n'ont pas dégénéré, car Cicéron en parlant de Capoue porte à quarante mille le nombre des gladiateurs qu'on y dressait.

Ainsi : de Naples à Capoue par Averso, y compris les environs de ces trois villes, les terres souvent jaunâtres, légères comme de la cendre, sont parfaites et très-faciles à cultiver ; et ce qu'ordinairement on ne croit pas en France, elles sont très-bien cultivées. Les légumes et les primeurs de toutes sortes qui se cultivent aux environs de Naples avec le plus grand soin [1], surtout vers les bords de la mer, depuis cette ville jusqu'à Torre dell' An-

---

[1]. Pour soigner et avancer ces légumes, on fait des rayons très-profonds, dirigés de l'est à l'ouest, et on sème ou plante des primeurs sur le côté de ces rayons en face du soleil, puis on les couvre de paillassons longs et étroits la nuit et lorsqu'il neige ou qu'il fait froid. On redouble de soins lorsque la plante est jeune ou nouvellement placée. En mai 1855, ces paillassons couchés restaient sur le haut des rayons, ce qui prouve qu'à cette époque encore on pouvait en avoir besoin.

nunziata, sont un mois plus avancés qu'à Paris.

Les terres plus élevées, telles qu'aux environs de Capoue, portent en même temps trois récoltes : 1° du froment ou des fèves de différentes espèces, ou du lin qui est en général bon, et se trouvait en pleine fleur, lors de mon passage ; 2° des arbres élagués de différentes espèces, surtout des peupliers ; 3° des vignes qui montent dans ces arbres et vont souvent en guirlandes de l'un à l'autre [1].

Les terres semées de froment sont disposées en petits sillons, et probablement la-

---

[1]. Si l'usage de couvrir d'arbres et de vignes les blés et les légumes durant leur croissance peut leur être favorable sous un climat aussi chaud et dans une terre aussi légère, exposée aux grandes sécheresses, je crois que les fruits de la vigne, couverts par les feuillages, en souffrent, et que c'est une des causes qui rendent les vins d'Italie, contrairement à l'idée qu'on s'en fait ordinairement, souvent mauvais et toujours moins bons qu'ils ne le seraient si la vigne en plein air était exposée au soleil, comme en Sicile, en France et en Espagne.

Du reste, la sécheresse, en Italie comme ailleurs, est plus ou moins grande suivant les années : mais il est certain, d'après mes observations, que cette année 1855, dans les parcelles de terre en plein air, les blés et les lins sont meilleurs que dans celles couvertes d'arbres.

bourées par des bœufs et des chevaux lorsqu'on le sème, mais je n'ai vu nulle part cultiver les terres aux environs de Naples, Averso et Capoue, qu'à main d'homme avec la houe.

Une grande partie du peuple, dans les campagnes et plus encore dans la ville de Naples, va les jambes et les pieds nus, et paraît avoir un bon tempérament; je les crois aussi corpulents, aussi bien formés qu'en Gascogne et en Languedoc. Ils sont mieux certainement qu'en Toscane, surtout dans la campagne romaine et même à Rome; cependant je n'en ai pas vu d'une très-haute stature. Leur teint en général est brun, d'abord par la chaleur du climat, ensuite parce que les femmes de la campagne surtout, et du bas peuple des villes, ne se couvrent pas la tête ou se la couvrent mal avec un simple mouchoir ou châle, dont les deux bouts, pendant sur la poitrine, sont croisés ou non croisés dessus, comme les châles des Anglaises dans nos fabriques; seulement leurs châles sont plus petits. C'est la mode, et elles en sont esclaves comme dans les autres pays.

Je demandai à mon cicerone pourquoi les femmes de la Campanie ne portaient pas comme les Florentines des chapeaux de paille qui leur conviennent si bien sous ce climat, surtout dans les campagnes. Il répondit dans son baragouin que ce n'était pas la mode, et que celles qui en porteraient se feraient moquer d'elles [1].

Du reste, la malpropreté, moins grande qu'autrefois, dit-on, est encore excessive; la populace de Naples, sale et déguenillée, se gratte fréquemment et paraît rongée de vermine. Je crois le peuple des campagnes moins mal à cet égard; et dans quelques villes, telles que Sorrente, Averso et Capoue, il est certainement beaucoup mieux.

A partir de Capoue jusqu'à Sainte-Agathe, les terres sont toujours excellentes; mais insensiblement elles deviennent moins bonnes; et les diverses cultures sont parfois couvertes d'oliviers, comme les nôtres de pommiers. Du reste, lorsque l'on trouve des montagnes, et il y en a beaucoup sur la droite, elles

1. Ainsi que l'a dit George Sand, les hommes, et surtout les femmes, à tous égards, sont à peu près les mêmes partout. Il n'y a que l'esprit raisonneur et philosophique du plus grand nombre qui, sous le rapport de la mode notamment, puisse la fixer ou modifier sensiblement. En effet, jamais la mode n'a été aussi simple, aussi naturelle, aussi convenable et commode que depuis 1793 jusqu'en 1814, temps où cet esprit dominait à Paris. C'est à quoi l'on ne peut trop applaudir, sauf les nudités, que je suis loin d'approuver.

sont plus ou moins stériles et pelées sur les hauteurs : dans le bas seulement on cultive des oliviers et des vignes au-dessus bien exposées, dont le vin est d'une qualité supérieure : c'est, dit-on, le falerne chanté par Horace.

CHAPITRE XV.

FONDI. — TERRACINE. — COUP D'OEIL RAPIDE SUR LES HABITANTS DE CES CONTRÉES, LEURS COSTUMES.

Il en est toujours à peu près de même jusqu'à Fondi, petite ville dont les habitants, pour la plupart désoccupés, couverts de manteaux roux, ont une figure hideuse et sinistre. Cette ville était jadis un repaire de brigands. Les moines mêlés à cette population de mauvais augure n'ont guère meilleure mine. Il est probable que les haillons de manteaux tous couleur de la bête que portent ces manières de bandits, sont les restes des vieux manteaux de moines, qui sont, il paraît, très-nombreux à Fondi.

Située près la frontière du royaume de Naples, cette ville, par sa position géographique et l'absence de toute fabrique et de toute police, favorise singulièrement l'ancienne habitude qu'avaient les habitants de tromper, voler et brigander : aussi la plupart des individus du bas peuple de Fondi, volent, fraudent ou mendient. Une marchande de comestibles ou de menue mercerie, sa boutique sur la tête, nous demanda l'aumône.

Entre Mola, que nous avons dépassé, et Terracine où nous allons coucher, il se trouve près des bords de la route, au pied de la montagne, un ou plusieurs jardins pleins de palmiers, d'orangers et de citronniers, dont l'aspect me fit plaisir : je n'en avais pas vu depuis Sorrente. Enfin nous arrivons le soir à Terracine, manière de mauvais port où il n'y avait qu'une barque; et nous logeons à l'hôtel de la Poste, près de la mer : je n'ai vu que la ville basse.

Le 10 mai, avant notre départ, je sors de mon hôtel vers 4 heures et, en me promenant et observant toujours, je vois les ouvriers de la basse classe sortir fièrement de la ville et aller au travail chacun de leur côté. Ces ouvriers, d'une saleté dégoûtante et d'un costume misérable, portent des chapeaux à forme pointue, et de mauvaises savates mariées avec des chiffes qui se nommaient des guêtres, par des cordons attachés aux savates des deux côtés de la cheville, et qui font deux ou trois tours jusqu'au haut de la jambe. En somme, la basse classe de cette ville et les ouvriers sans manteaux n'ont guère meilleure mine que ceux de Fondi.

CHAPITRE XVI.

MARAIS PONTINS. — BUFFLES. — CHEVAUX EN TROUPES. — BOEUFS ET VACHES A CORNES ÉNORMES. — POSTILLON MINÉ PAR LA FIÈVRE. — VELLÉTRI. — ARICIA. — ALBANO. — DESCRIPTION DE CES CONTRÉES ET DU COSTUME DES HABITANTS. — ARRIVÉE A ROME. — LE PANTHÉON.

En sortant de la ville nous entrons dans les marais Pontins, entremêlés de terres cultivées et fertiles; d'herbages chargés de chevaux en troupes, presque tous noirs ou noirâtres; de vaches et de bœufs aux cornes énormes, tous de couleur noire, brune ou cendrée, un peu maigres, mais d'une grande espèce comme le peu que j'ai vu aux environs de Naples, où l'usage, comme à Marseille, est de conduire les vaches chez les pratiques dans la ville pour les traire et vendre le lait. Il y a dans les herbages marécageux des marais Pontins des buffles en grand nombre, tous de couleur noire, dont on se sert dans les canaux pour détruire les plantes qui les obstruent et empêchent les eaux de s'écouler.

Les habitants peu nombreux de ces marais ont assez mauvaise mine, et plusieurs mêmes sont minés par la fièvre. Un jeune postillon qui nous conduisait avait la figure pâle et livide comme un déterré. Je crois le voir encore, chaussé de larges bottes, qui lui montaient jusqu'au haut des cuisses, et dans chacune desquelles tout son corps aurait passé. Quoique sa mine ridicule fût bizarre et cocasse, sa figure souffrante et chétive nous empêcha de rire.

En sortant des marais Pontins, nous trouvons Cisterna, village peu important, et ensuite Vellétri, ville assez mal bâtie, sur la pente d'un coteau, mais dont les habitants assez bien couverts ont assez bonne mine; ils sont mieux de toute manière que tout ce que l'on voit depuis Capoue.

Avant d'arriver à Albano, nous passons sur le viaduc d'Aricia, monument remarquable, élevé sur trois rangs d'arches, qui, d'une longueur de trois à quatre cents mètres, va d'une montagne à l'autre, abrége et adoucit le chemin.

Albano, ville située sur une éminence, entourée d'un beau paysage, d'où l'on découvre Rome et la campagne romaine, est vraiment dans une riante situation. Sa population, de taille médiocre, paraît saine et belle ; le corset rouge que portent les femmes relève encore la beauté de leur teint, et augmente les grâces de leur figure en général bien faite.

Ensuite nous entrons dans la campagne romaine, semée d'aqueducs, de tombeaux, et de ruines de toutes sortes; et remarquons d'abord, de très-loin, deux monuments, les plus considérables des temps anciens et modernes · le Colisée et Saint-Pierre, qui noblement dominent la ville éternelle. Nous entrons à Rome en longeant le Colisée, je loge à l'hôtel de la Minerve, près du Panthéon, que je vais voir le soir même.

Cette belle rotonde érigée par Agrippa, dont l'aire couverte par la voûte a soixante-cinq pas de diamètre, sans compter les entre-colonnements et le péristyle, est un des plus beaux ouvrages de l'antiquité romaine et le mieux conservé. Le péristyle, d'une grandeur démesurée, est soutenu par seize colonnes de granit toutes d'un seul bloc, qui ont bien cinquante pieds de hauteur y compris la base et les chapiteaux. Sa largeur est au moins de cent pieds, et sa profondeur d'environ soixante. Ce bel édifice ne reçoit le jour que par le haut de la voûte, dont l'ouverture, de vingt-six pieds de diamètre, n'est pas close d'un vitrage comme celle de la Madeleine à Paris, et par laquelle tombe la pluie qui dégrade le pavage déjà très-mauvais.

CHAPITRE XVII.

BASILIQUE DE SAINT-PIERRE. — COUPOLE. — STATUE DE SAINT PIERRE, DONT LE GROS ORTEIL EST USÉ PAR LES BAISERS DES PÈLERINS.

Aujourd'hui, 11 mai, à 4 heures et demie du matin, le thermomètre, placé à l'extérieur et à l'ouest, marquait 10° cent.; à 5 heures trois quarts du soir, 19°; à 8 heures, 16° 25. En général, depuis que je suis en Italie, la chaleur a été peu sensible; et, dans tout ce que j'ai vu du climat de ce pays, le ciel est parfois beau, et souvent nuageux et pluvieux comme en France.

Je vois aujourd'hui l'église de Saint-Pierre et le Musée du Vatican, deux édifices, y compris ce qu'ils renferment, incomparables dans le monde. Ce qui me frappe le plus en visitant l'église est l'étendue et la hauteur de la coupole, soutenue en l'air par quatre piliers, et semblable ou même supérieure au Panthéon tant vanté d'Agrippa. Elle a un diamètre à peu près égal ; mais la voûte, plus ovale et plus allongée, offre la forme la plus agréable aux yeux, jointe à la solidité et à la durée. Elle a, d'après M. Dupays, cent trente pieds de diamètre ; sa hauteur, jusqu'à l'œil de la lanterne, est de cent cinquante-cinq pieds. Au-dessus est la lanterne, dont la hauteur est de cinquante-trois pieds. Le piédestal de la boule, vingt-neuf pieds ; la boule, sept pieds et demi ; la croix, quinze pieds. Du pavage de la nef à la coupole, cent soixante-sept pieds ; hauteur totale, quatre cent vingt-six pieds [1].

Je distingue encore vers le haut de la nef, à partir de l'entrée à droite, la statue assise de saint Pierre en bronze, dont le gros orteil est poli et usé par les baisers des pèlerins et autres dévots, qui fréquentent ordinairement cette église. Quelques savants ont pensé que c'est une antique statue de Jupiter, dont on a changé le nom au gré du peuple qui l'adore, et que leurs ancêtres adoraient jadis sous un autre nom. Transformation que fit en sens inverse le général Miollis, dans son temple d'Apollon improvisé à Piétola, près de Man-

[1]. Les pyramides d'Égypte, qui sont les monuments les plus élevés que l'on connaisse, n'ont que 24 pieds de plus, et la flèche de Strasbourg 14 pieds seulement, suivant M. Dupays.

toue : il changea les statues des saints en divinités du paganisme.

Entre un très-grand nombre de tableaux en mosaïque et de statues remarquables, je distingue vers la chaire de saint Pierre le tombeau de Paul III, composé spécialement de trois superbes statues, celle du pape en bronze, et celles de la Justice et de la Prudence en marbre. Celle de la Justice, à moitié couchée et presque nue, avait inspiré, d'après notre cicerone, la même passion qu'avait inspirée jadis à un jeune homme la Vénus de Praxitèle à Cnide. Pour obvier à cet inconvénient, on l'a couverte en partie d'une tunique de bronze, telle qu'on la voit aujourd'hui[1]. Je vois aussi sur un pilier de la coupole la Transfiguration de Raphaël copiée en mosaïque : elle m'a paru moins rembrunie que l'original.

1. Une statue de Mars, à Pise, est révérée, dit-on, comme saint Éphèse.

CHAPITRE XVIII.

BASILIQUE DE SAINT-PIERRE (Suite). — PAVAGE IN-
TÉRESSANT. — PARTIE SUPÉRIEURE DE CETTE
ÉGLISE. — PROMENADE SPACIEUSE. — BOULE. —
INTÉRIEUR. — MUSÉE DU VATICAN.

Samedi, 12 mai, à 5 heures un quart du matin, 15° cent. Le temps est aujourd'hui très-mauvais; il tombe de l'eau presque toute la journée, et je n'ai pu voir de nouveau que la colonne Antonine, moins belle que la colonne Trajan, et la place du Peuple, avec ses statues et son obélisque, qui m'ont paru distingués et bien placés.

Je vais voir encore l'église de Saint-Pierre, toujours très-intéressante par les objets d'art qu'elle renferme, par son architecture et son immense étendue. Mon attention n'étant plus épuisée, ni même fatiguée comme hier, trois choses me frappent en arrivant, à droite dans la basilique. C'est d'abord, sous le rapport de l'art, le groupe de marbre représentant la Vierge tenant son fils mort sur ses genoux, ouvrage que fit Michel-Ange à l'âge de vingt-quatre ans. C'est un travail plein de sensibilité et de talent ; c'est bien la compassion et la pitié que la Vierge inspire.

Près de là je considère, au point de vue historique, le tombeau de Christine, reine de Suède, femme singulière et bizarre, mélange monstrueux de vices et de vertus.

Je considère aussi, mais plus attentivement encore, le tombeau et le portrait de la comtesse Mathilde, qui fit don au pape de ses États, au préjudice de son mari.

Ensuite nous montons par un escalier trèsdoux, situé à gauche de la basilique, à partir de l'entrée, et visitons la partie supérieure de l'église. D'abord, arrivé au haut de l'escalier, on est surpris de l'étendue de la plate-forme pavée en briques, et sur laquelle on se promène comme sur une place spacieuse. Une population nécessaire à la conservation de ce précieux édifice s'y succède et l'habite, dit-on, de père en fils sous le nom de San Petrini. Une fontaine coule dans un bassin de plomb, pour la commodité des travaux et le besoin des ménages.

On lit sur la frise, au bas de la coupole, cette fameuse inscription : TU ES PETRUS

ET SUPER HANC PETRAM ÆDIFICABO ECCLESIAM MEAM; ET TIBI DABO CLAVES REGNI COELORUM. Je fis le tour du premier entablement qui a, dit-on, 380 pieds de circonférence, et nous montâmes ensuite jusqu'à la balustrade extérieure, qui fait le tour de la lanterne après avoir franchi le deuxième entablement. De cette position nous découvrons Rome tout entière, et distinguons les divers monuments, ainsi que la campagne romaine jusqu'à la mer. Enfin nous continuons, toujours montant, et, par une échelle perpendiculaire, nous arrivons à la boule en bronze qui a 7 pieds et demi de diamètre, et peut contenir, dit-on, jusqu'à seize personnes.

Descendu dans l'Église, entre autres choses très-intéressantes, je remarque le superbe tombeau de Clément XIII par Canova; des confessionnaux distribués dans l'intérieur de la basilique et sur le fronton desquels sont écrits les noms des divers peuples de l'Europe, dans la langue desquels on peut se confesser : mais ces peuples n'y sont pas nommés comme aujourd'hui, Français, Anglais, Allemands, Espagnols, mais bien Germains, Ibériens, Gaulois, etc., etc. Ces noms barbares, conservés ou renouvelés de l'antiquité, ne sont pas très-gracieux à l'oreille des peuples actuels de l'Europe, mais à celle des Romains et de quelques personnes ils font encore une noble impression, et donnent à cette basilique une grandeur nouvelle. Il y en a de semblables à Saint-Jean de Latran.

Le pavage aussi nous intéresse d'une autre manière. La longueur des églises les plus considérables du monde est gravée sur le pavé de cette église, à partir du haut; cette longueur est marquée en *palmes*, mesure en usage dans l'État romain, et qui représente 22 cent. 34; ainsi trois palmes valent environ deux pieds; neuf palmes valent deux mètres.

Sainte-Sophie de Constantinople. .	492 palmes.
Saint-Paul hors des murs de Rome.	572
Sainte-Pétrone de Bologne.	595
La cathédrale de Milan.	606
Cathédrale de Florence.	669
Saint-Paul de Londres.	710
Saint-Pierre de Rome de la porte à la chaire.	837
— — à l'extérieur. .	862.8.3.

Ensuite nous visitons le musée du Vatican. Quoique je l'aie vu et parcouru deux fois durant neuf jours que j'ai passés à Rome, cependant il y a tant à voir et à dire à ce sujet que j'en suis ébloui, et ne puis entreprendre dans ce bien simple itinéraire de donner le détail, ni même de citer les principaux objets qu'il renferme. On voit au musée du Louvre, à Paris, quelque chose de semblable, mais avec moins de richesse, d'abondance et de variété.

Je dirai pourtant que j'ai vu parmi les tableaux la Transfiguration de Raphaël, chef-d'œuvre de ce peintre et de la peinture. La couleur triste et rembrunie de ce tableau m'empêche d'être frappé de la beauté du dessin et de l'ensemble de ce chef-d'œuvre.

Dans les deux visites que j'ai faites à ce musée j'ai aussi remarqué, parmi les statues, l'Antinoüs et l'Apollon du Belvédère, admirables par la beauté des formes et les proportions.

CHAPITRE XIX.

LE CAPITOLE ET SON MUSÉE. — FORUM ROMAIN. — TEMPLE D'ANTONIN ET DE FAUSTINE. — COLISÉE.

Nous allons voir ensuite le fameux Capitole, siége de l'antique grandeur romaine. Nous y montons par un escalier au bas duquel il y a deux lionnes sculptées, qui n'ont rien de remarquable. A droite et à gauche de l'escalier sont les statues colossales de Castor et Pollux, avec leurs chevaux ; et entre autres encore, celle de Marc Aurèle à cheval, au milieu de la place. Quoiqu'elle soit d'une beauté rare, et qu'anciennement elle ait été dorée, cependant elle ne vaut pas, à mes yeux, celle de Louis XIV sur la place des Victoires à Paris.

A droite, en arrivant sur la place, est le musée du Capitole, bien inférieur sous tous les rapports à celui du Vatican. Ensuite, au fond de la place à droite, nous descendons une petite rue dans laquelle se trouvent bon nombre de tisserands hommes et femmes, qui paraissent dans l'aisance, et que l'on voit avec plaisir parmi ce peuple peu laborieux.

Mais je n'entends pas parmi les ouvriers, ni partout ailleurs, sortir des murailles de Rome ces belles voix de jeunes filles, comme le rapporte Chateaubriand [1]. Je n'ai entendu dans toute l'Italie, hors des églises, soit dans les ateliers, soit dans les maisons bourgeoises, soit dans les rues, aucune voix ni instrument de musique autres que ceux dont j'ai parlé à propos du Vésuve. Donc je suis persuadé qu'on ne trouverait pas à Rome comme à Berlin, parmi les ouvriers, deux à trois cents musiciens et musiciennes, pouvant exécuter des pièces notées avec justesse et précision, telles que les vit et entendit Chateaubriand durant son ambassade. Mais c'étaient des Allemands et Allemandes qui exécutaient ces pièces, et leurs noms *prosaïques* n'échauffaient point la *verve* de Chateaubriand. Il a vu de hautes et belles cathédrales en Allemagne, sans doute à commencer par Strasbourg, mais je doute qu'il les ait vues, comme ailleurs, coiffées avec des nuages [2].

1. Voy. ses *Mémoires d'outre-tombe*, t. VII.
2. Voy. les premières éditions du *Génie du christianisme*.

Nous arrivons bientôt par cette voie très-courte au Forum romain (Campo vaccino). J'ai vu et revu plusieurs fois les antiquités du Forum, telles que : l'arc de Septime Sévère, le temple de la Concorde, le temple de Jupiter tonnant, le temple de la Fortune, la colonne de Phocas, la basilique Julia, le temple de Jupiter Stator, le temple de Romulus et Rémus, dont la partie conservée est de forme circulaire et sert de vestibule à une église (Saint-Cosme et Saint-Damien). Ensuite la basilique de Constantin, le temple de Vénus et de Rome, monuments plus ou moins ruinés ou dégradés; l'arc de Titus restauré, l'arc de Constantin bien conservé. Mais ce qui me frappe le plus au point de vue philosophique et artistique, c'est le temple d'Antonin et de Faustine, en partie enterré et dont il reste le fronton et dix belles colonnes hautes de 43 pieds. Le sénat fit élever ce monument en l'honneur de Faustine et de son mari Antonin le Pieux, et les éleva comme Auguste au rang des Dieux immortels.

Il est écrit sur le fronton :

DIVO ANTONINO, ET
DIVAE FAUSTINAE
EX. S. C.

J'ai vu et revu dix fois le Colisée en parcourant toutes ses ruines; c'est le monument le plus grand, le plus imposant de l'antiquité romaine : il a 1641 pieds de circonférence, et 157 de hauteur. L'arène, ovale comme toute celles que j'ai vues, a 285 pieds sur 182. Il pouvait contenir plus de cent mille spectateurs. Mais il est tenu malproprement, et d'ailleurs bien plus mal conservé et plus incomplet que ceux d'Arles et de Nîmes.

CHAPITRE XX.

EXCURSION VERS TIVOLI. — VILLA ADRIANA. — TIVOLI. — TEMPLE DE LA SIBYLLE. — MAISON DE MÉCÈNE. — CASCADES. — COUP D'OEIL RAPIDE SUR CETTE CONTRÉE.

Dimanche 13 mai, à cinq heures un quart du matin, 13° 25 cent.; à sept heures et demie, 15°. Je vais à la messe au Panthéon, et vers huit heures nous allons à Tivoli.

En sortant de Rome par la porte Saint-Laurent et suivant la voie Tiburtine, nous passons d'abord sur un ruisseau, et ensuite sur un canal ou petite rivière, dont les eaux blanches et sulfureuses portent une odeur très-forte et gênante à la poitrine; plus loin nous trouvons le tombeau circulaire de la famille Plautia, et nous arrivons peu de temps après à la villa Adriana, composée de ruines souvent informes, entremêlées de bosquets où chantait un rossignol et de cultures en blés et vignes, etc.

D'abord on nous fait remarquer les faibles restes d'un théâtre grec, des temples de Diane et de Vénus, du palais impérial et d'un cirque, etc. Les casernes des prétoriens, dont il reste quelques murs et qui sont près de là, sont bien reconnaissables. Du reste, je n'ai vu qu'une partie des antiquités de cette villa; les propriétaires de la vallée de Tempé et des ruines voisines situées à gauche ne permettent pas de les voir.

Après être sortis de la villa Adriana, nous montons à Tivoli, et passons à droite et à gauche une belle culture d'oliviers, la plus spacieuse que j'aie jamais vue. Arrivés à Tivoli, petite ville peu importante, nous logeons à l'hôtel de la Sibylle, où se trouve le temple circulaire du même nom (les cicerone de Tivoli le nomment temple de Vesta) avec ses dix colonnes corinthiennes, sur dix-huit qu'il avait.

De notre hôtel nous descendons par un sentier en zigzag, fait, dit-on, par le général Miollis, dans un énorme trou, qu'on nomme entonnoir, où il se trouve en face une chute d'eau qui s'y précipite d'une très-grande hauteur. Là nous voyons les grottes de Neptune et des Sirènes, qui m'intéressent assez peu. En somme, bien fatigués de cette descente et plus encore de la montée, dont le résultat est peu de chose à mes yeux, nous sortons de notre hôtel et faisons un grand tour sur la droite, puis revenant sur la gauche de l'autre côté des précipices, en face de notre hôtel, des cascades et des cascatelles, nous visitons les maisons d'Horace et de Catulle, les villas de Varus, de Cassius et de Salluste, ou bien plutôt leurs emplacements et quelques ruines; et voyons de l'autre côté de l'Anio la maison de Mécène, mieux conservée. Après avoir examiné, contemplé à loisir toutes ces ruines des grandeurs romaines, nous jouissons, au chant du rossignol, de la vue des cascades, des beaux sites, en un mot des beautés naturelles répandues à Tivoli et dans ses environs, vers les bords de l'Anio.

Revenus à notre hôtel du côté même des cascades, nous dînons et buvons du vin blanc très-agréable au goût, et du meilleur que j'aie bu en Italie: mais nous n'avons pas, comme Dupaty, le plaisir d'être servis par une charmante Tivolienne; la beauté m'a paru rare à Tivoli au moins autant qu'ailleurs, et cela se conçoit, car l'air, dit-on, n'y est pas sain, c'est le dicton populaire :

Tivoli di mal conforto
O Piave o tira vento o suona a morte.

Et je ne sais pourquoi, car la ville, bien située,

est très-élevée au-dessus de la campagne romaine; et je n'ai pas vu de marais près de là. Du reste, voisine des Apennins, qui, de ce côté, arrêtent les nuages, il y tombe, dit-on, beaucoup de pluie, ainsi que dans les parages où prennent naissance le Tibre et l'Arno.

Ensuite, désirant voir en détail et de près la maison de Mécène, que déjà nous avions vue en perspective de l'autre côté du vallon, nous demandons après dîner un cicerone pour y conduire; mais on nous dit que cette villa, transformée par Lucien Bonaparte en usine pour travailler le fer, n'était pas ouverte le dimanche, et que, pour remédier autant que possible à cet inconvénient, on nous ferait entrer dans une maison des plus élevées de Tivoli, et que placés bien au-dessus de la villa Mécène, nous la verrions presque aussi bien que si nous étions auprès; ce que nous acceptâmes volontiers, ne pouvant ce jour-là espérer rien de mieux. C'est de là que nous l'avons examinée extérieurement, admiré sa riante et charmante position, vu en partie ses restes considérables; ainsi que la cascade qui arrosait et ornait ses jardins, et qui présentement, moins agréable, mais plus utile, fait marcher une usine, nourrit et entretient des ouvriers, et prépare un métal de première nécessité. En un mot, c'est de là que mes yeux, reposés durant le dîner, plongent sur une immense étendue; c'est de ces lieux enchantés par leurs beautés naturelles et les souvenirs de l'histoire qu'ils rappellent, que nous jouissons des vues les plus intéressantes, les plus charmantes et les plus variées. D'abord les cascades à nos pieds, et bien au-dessous de nos pieds et sur la droite encore; en face, les maisons d'Horace et de Catulle; le mont Lucrétile, les montagnes de la Sabine et les bains de Zénobie, reine de Palmyre. A gauche et au-dessus, les Apennins verdoyants et cultivés en partie; à droite et à gauche, en deçà, l'immense campagne romaine, qui commence à partir de Tivoli par de riches plantations d'oliviers, la villa Adriana mêlée de ruines et de cultures, des champs de blé et des plantations de vignes, et surtout des plaines ondulées en pâturages et prairies de qualité médiocre, mais d'un bon rapport, et bien nanties de bestiaux. En somme, la plaine de Corbon et tous ses environs vus de Saint-Laurent (Calvados), plus unis et en meilleurs herbages, peut sous quelques rapports donner une idée de la campagne romaine telle qu'on la voit de Tivoli. Voilà, sans art et sans poésie, la plus exacte vérité.

Lundi 14 mai, à 4 heures et demie du matin 11° cent.; à 5 heures du soir, 15°. Il tombe encore de la pluie : je revois les antiquités du Forum, le musée du Vatican et autres choses que j'ai déjà vues et décrites.

CHAPITRE XXI.

EXCURSION VERS LA VOIE APPIENNE. — PALAIS DES CÉSARS. — COLUMBARIUM. — TOMBEAUX DE CÉCILIA MÉTELLA, DE SÉNÈQUE, DE VALÉRIUS MESSALA. — BASILIQUE DE SAINT-PAUL HORS LES MURS. — PALAIS QUIRINAL. — SALLE DU CONCLAVE. — RÉFLEXIONS.

Mardi 15, 11° cent. à 6 heures du matin.
Je pars de mon hôtel à 6 heures et vais en voiture avec mon cicerone voir les tombeaux de la voie Appienne. En y allant je monte et vois d'abord le palais des Césars sur le mont Palatin, en partie transformé en jardins dans ses ruines ; j'y achète, d'un jardinier qui s'y trouvait et labourait, une médaille d'Agrippa, assez bien conservée. Après avoir jeté un coup d'œil sur toutes ces ruines et sur celles plus vieilles encore des environs, telles que l'escalier des Gémonies, l'embouchure du cloaque Maxima, construit par Tarquin l'An-

cien et d'autres ruines peu importantes, nous visitons trois *columbarium* garnis de vases carrés, remplis de cendres d'os demi-brûlés des affranchis et autres gens de basse classe. Ces vases sont déposés dans des espèces de niches pratiquées intérieurement dans les murs d'un édifice circulaire, semblable à un colombier enfoncé en terre, et dans lequel on descend par un escalier en pierre.

Arrivé sur la voie Appienne, je vois d'abord le tombeau circulaire de Cécilia Metella, femme de Crassus, ouvrage magnifique et des mieux conservés. Il est inscrit sur le tombeau :

CECILIAE Q. CREETICLE
METELLAE CRASSI.

J'ai lu cette inscription à Florence sur une peinture de ce tombeau placée dans la galerie Pitti ; car par sa hauteur et la faiblesse de ma vue je ne pus la lire sur l'édifice, lorsque je le vis.

Entre des milliers de tombeaux de grandeur et de forme différentes, je distingue encore celui de Sénèque, et l'énorme tombeau circulaire de Valérius Messala : c'est le plus grand qu'on trouve sur la voie Appienne ; sur sa cime, on a bâti une maison, fait une cour et un jardin. De là nous voyons d'assez près Albano, Castel Gondolfo et Frascati, l'ancienne Tusculum.

Je vois aussi, en revenant de la basilique Saint-Sébastien, où sont les catacombes. Je vais jusqu'à la porte; mais je n'y descends pas, car ces choses m'intéressent assez peu, et je ne prends point plaisir à visiter ces tristes demeures. Mais ce qui me frappe le plus dans cette intéressante tournée est la belle église de Saint-Paul hors les murs, qui n'est pas terminée. C'est, après Saint-Pierre, ce que j'ai vu de plus beau, et surtout de plus brillant à Rome. Sans parler des autels en malachite, présent de l'empereur de Russie, ni du baldaquin soutenu par quatre colonnes d'albâtre, autre présent du pacha d'Égypte, qui sont incomparables, la nef soutenue par quatre rangs de vingt colonnes, quatre-vingts colonnes en marbre et granit[1], et les frises circulaires ornées des portraits en mosaïque de tous les papes, depuis l'origine du christianisme jusqu'à nos jours, seraient seuls capables d'intéresser tous les savants et les artistes, et de produire à l'œil du commun des hommes le plus brillant effet.

Une tour ou clocher, de style lombard, placé au bout de l'église, et non sur l'église, n'est

1. Les colonnes corinthiennes sont en granit, et les bases et chapiteaux en marbre blanc.

pas terminé, non plus que le pavage en marbre de l'église, auquel on travaille et qui n'est pas très-avancé. L'église entière, que j'ai parcourue, a environ deux cent vingt-cinq pas de longueur intérieurement (127 mètres). J'ai été voir aussi la basilique de Sainte-Marie Majeure, vers la route de Tivoli ; quoiqu'elle soit en général très-belle, et surtout très-riche, ces qualités ne m'ont pas autant frappé que celles de Saint-Paul hors les murs; elle est magnifique, il est vrai, mais elle n'a plus comme cette dernière cet air de fraîcheur et de jeunesse qui intéresse, qui sourit et qui plaît.

Nous allons voir ensuite le palais Quirinal.

Sur la place de Monte-Cavallo, ornée des statues équestres et colossales de Castor et Pollux, ouvrage de Phidias et de Praxitèle, est le palais Quirinal, séjour des papes en été. C'est dans ce palais, orné de beaux jardins, que se rassemble le conclave pour l'élection des papes ; il est d'une très-grande étendue, restauré à neuf, orné de tableaux précieux et de meubles magnifiques. Après avoir parcouru les salles, vu légèrement et rapidement les objets les plus intéressants, je reste quelques moments dans la salle du conclave, assis sur le fauteuil du pape, successeur de saint Pierre, et là je me dis en moi-même : « Si dans le bien-être et l'état physique de l'homme; si dans les arts et les sciences de toute espèce, il y a progrès de nos jours, comme on le dit si souvent et si haut, il y a dans l'État de l'Église, et le bien-être physique de ses membres, depuis les apôtres, un progrès plus sensible, plus remarquable, plus étonnant encore. »

A partir de onze heures jusqu'au soir, il tombe sans cesse de la pluie, ce qui m'empêche de voir les jardins qui, du palais, paraissent charmants. Il y a, dit-on, des instruments mus par les eaux qui font entendre des sons mélodieux.

CHAPITRE XXII.

EXCURSION A SAINT-JEAN DE LATRAN. — STATUE DE CONSTANTIN. — OBÉLISQUE DES PLUS BEAUX. — DESCRIPTION DE LA CAMPAGNE ROMAINE.

Mercredi 16, à cinq heures et demie du matin, 13° 25 cent.; à trois heures trois quarts, 17°.

Je fais une excursion à Saint-Jean de Latran et dans la campagne romaine, et je remarque sous le portique de cette église la belle statue de Constantin, trouvée, dit-on, dans ses thermes ; et sur la place un très-bel obélisque de quatre-vingt-dix-neuf pieds de hauteur, sans compter le piédestal, semblable à celui de Luxor, à Paris. Il est comme lui d'une seule pièce, et orné d'hiéroglyphes; mais il est plus beau et plus haut[1]. Je sors des murs de Rome

---

1. Cet obélisque, de granit rouge, fut transporté de Thèbes à Rome par Constantin et son fils Constance, sur un vaisseau de trois cents rameurs.

et j'examine encore le sol et les diverses cultures des environs, que j'ai déjà vues dans mes diverses excursions. Le fond, en général, est en bonne franche terre couverte ou mêlée, dans les endroits bas, de sédiments apportés par les débordements du Tibre, de l'Anio et des autres affluents qui élèvent insensiblement les terres, et sont, soit dit en passant, une des causes principales de l'enterrement profond des anciens monuments.

Certains auteurs, et notamment Chateaubriand, dans sa description de la campagne romaine (*Lettre à M. de Fontane*), la considèrent comme stérile et déserte. Mais, comme dans la plupart des ouvrages de Chateaubriand, la poésie domine dans cette lettre, d'ailleurs bien écrite, et ce n'est pas aux poëtes qu'il faut s'adresser pour connaître la vérité; je vais tâcher de donner une idée de cette campagne après l'avoir bien examinée.

Imaginez-vous une plaine d'une étendue d'environ cinq à huit lieues, plus ou moins, autour de la ville, ondulée d'éminences et de monticules, semée surtout au sud-est et vers la voie Appienne de toutes sortes de ruines, surtout d'aqueducs et de tombeaux ; arrosée par le Tibre, l'Anio et quelques autres petites rivières; bien cultivée en jardinages et en vignes sur un espace circulaire d'un à deux kilomètres, mais avec moins d'art et de soins qu'on n'en met aux environs de Naples et de Paris. Quelques terres plus éloignées et plus élevées, comme vers la voie Appienne et la villa Adriana, cultivées par places, plantées en vignes et semées de blé barbu, qui produisent abondamment; d'autres terres marécageuses, comme aux environs de la mer et d'Ostie, qui ne produisent guère que des mauvaises herbes et la *malaria* en été, escortée de toute sorte de maladies. Le surplus (c'est la plus grande partie) est exploité en pâturages et prairies de qualité médiocre, non pas jaunes et flétris, comme on l'a dit, mais verdoyants, au moins dans cette saison, et d'un bon rapport pour les propriétaires et les fermiers : 1° parce qu'ils n'ont aucuns frais de culture à faire et qu'ils ont reconnu à Rome, comme ailleurs, que les terres fraîches et fortes, peu élevées au-dessus du niveau des rivières ou des mers, produisent ordinairement plus de bénéfices nets, exploitées en herbages et en prairies, qu'en culture et en labours; 2° parce que ces terres sont exposées aux inondations fréquentes sur les bords du Tibre, lesquelles s'étendent au loin, parfois jusqu'aux montagnes[1], et qu'elles sont plus préjudiciables aux labours qu'aux herbages et aux

---

1. Voy. les *Annales* de Tacite, livre I.

prairies ; 3° parce qu'à Rome naturellement une grande quantité de vaches et de bestiaux sont nécessaires pour alimenter une ville de cent quatre-vingt mille habitants, sans compter les étrangers, qui y sont en grand nombre; 4° parce que les beurres et laitages, qui sont excellents à Rome, peuvent se vendre avantageusement dans les contrées plus méridionales où ils sont moins bons et qui souvent en manquent; 5° parce que les collines et les terres élevées, qui sont très-communes et assez bonnes au delà des plaines romaines, conviennent mieux pour les vignes, les blés et autres céréales que pour les herbages et prairies, qui demandent des terres plus basses et plus d'humidité. Voilà, selon moi, les seules causes de l'inculture de la campagne romaine et des déclamations poétiques qu'on s'est plu à faire sur sa stérilité.

Pour se faire une idée complète de cette campagne telle que je l'ai vue, qu'on s'imagine encore ces herbages peuplés de bestiaux de toute espèce, pour leur exploitation. D'abord il se trouve, non pas des bœufs blancs, comme les a vus Chateaubriand, je n'en ai pas vu, mais bien des grands bœufs et des vaches noirs, noirâtres ou noir cendré, aux cornes énormes, d'une assez belle espèce, mais qui n'est pas ordinairement très-charnue.

Ensuite des chevaux, presque tous noirs ou

noirâtres, assez lestes, mais moins forts, moins gras, la croupe moins large, et en général de formes moins gracieuses que ceux de France et d'Angleterre.

Des moutons blancs et noirs, mais plus de noirs que chez nous. La plupart des moines, et quelques gens de la campagne, s'habillent en laine couleur de la bête.

Des chèvres en petite quantité, qui n'ont rien de remarquable.

Des buffles comme dans les marais Pontins, qui sont, dit-on, plus forts que les bœufs, quoiqu'ils n'aient pas plus de volume. Ils sont tous de couleur noire, ou du moins je n'en ai vu que de noirs. Leurs cornes un peu aplaties, placées aux côtés de la tête, fuient et se retirent en arrière. En somme, ils ont une figure hideuse et sauvage, ainsi que ceux qui les conduisent. Voilà tout simplement les choses telles que je les ai vues.

CHAPITRE XXIII.

FÊTE A SAINT-JEAN DE LATRAN (JOUR DE L'ASCENSION). — SUPERBES ET NOMBREUX CARDINAUX. — CONTRASTE. — DESCRIPTION DES PAYSANS VENUS DES ENVIRONS. — LE SAINT ESCALIER.

Jeudi 17 mai, jour de l'Ascension, à cinq heures du matin, 13° cent.

Je vais à Saint-Jean de Latran, et j'assiste à la grand'messe, chantée en musique, qui m'a paru plus médiocre que belle. J'y vois arriver à la file, et non ensemble, quinze à seize cardinaux, qui étalaient un luxe peu en rapport, il me semble, avec l'exemple des apôtres qu'ils représentent, et les maximes de l'Évangile qu'ils prêchent. . . . .
. . . .

A côté se voyaient des paysans, venus des contrées voisines, surtout des environs d'Albano, et qui paraissent dans le plus grand dénûment[1].

Sous une espèce de vestibule ou portique

[1]. Ces paysans sont en général très-malpropres et vêtus sans élégance et sans goût. Les hommes, dans leurs habits, n'ont rien de remarquable qu'un misérable accoutrement. Les femmes et les filles ont des corsets, souvent rouges, et sont mal lacées et débraillées. Quelques-uns de ces corsets sont tellement larges vers le haut que deux comme elles pourraient presque entrer dans un; ils ne touchent guère au corps qu'au bas de la taille et sur la pointe des épaules, ou plutôt sur le haut des bras. Elles ont avec cela des jupons courts, et de gros souliers rougeâtres, sales ou tannés, et qu'elles n'ont apparemment jamais décrottés ni graissés ni cirés. Leurs bas de différentes matières et couleurs, parfois en laine d'un blanc sale, sont en rapport avec les souliers. Elles ont en général pour toute coiffure une seule pièce pliée en carré long, composée de toiles plus ou moins grosses, et souvent d'un jaune sale, comme nos toiles à torchons; tellement disposée et posée sur la tête, que la partie longue du carré est dirigée du derrière au devant, ce qui fait une coiffure bizarre et dépare les plus belles têtes. En somme, ils ne sont pas aussi bien couverts aujourd'hui, jour de l'Ascension, que nos paysans et paysannes les jours de travail. Quelques-unes de ces femmes ont un beau teint et la figure bien faite, et sont, ainsi que les hommes, de petite stature, comme la plupart des paysans des environs de Paris, et plus petits encore. Fatiguées, sans doute, de leur pèlerinage, ces femmes en troupe étaient assises à plat sur le pavé, au beau milieu de la place, devant l'église Saint-Jean de Latran, et faisaient un contraste frappant avec les superbes cardinaux, qui arrivaient dans des voitures resplendissantes et do-

longeant la place située à l'est de Saint-Jean de Latran, se trouve le *saint escalier*, que la tradition de l'Église donne comme ayant ap-

rées, avec grand nombre de domestiques galonnés, et les chevaux noirs huppés comme à Naples, et mieux qu'à Naples dans la première classe. Je crois que les pèlerinages, en général, doivent être regardés comme une œuvre oiseuse, parfois dangereuse et toujours superstitieuse. C'est trop imiter les pèlerinages antiques des païens, qui allaient visiter et prier les statues de ieurs dieux, érigées dans des pays lointains, au lieu d'adresser leurs prières à celles d'Athènes ou des autres villes de la Grèce où ils résidaient, et qui n'avaient pas moins de vertu aux yeux de la raison, d'autant plus que ces prières vagues et mystérieuses ne s'adressaient souvent, du moins par les gens de bon sens, qu'indirectement aux statues, mais ordinairement et réellement aux dieux qu'elles représentaient et que l'on croyait au ciel. C'est par suite de ce préjugé que les chemins de la Grèce en certains temps de l'année, surtout vers le printemps, étaient pleins de pèlerins qui allaient à Delphes ou à Délos adorer et prier Apollon, dieu des arts, des sciences et des lumières, et de femmes nouvelles mariées allant à Héliopolis en Syrie, ou à Lacinium, en Italie, porter leurs offrandes et adresser leurs prières à Junon qui présidait aux mariages, et protégeait les femmes enceintes.

C'est ainsi que les chrétiennes, nouvelles mariées surtout, vont à la Délivrande, Notre-Dame de la Garde, et de Lorette, en Italie, adresser leurs prières et porter leurs offrandes aux statues de la bonne Vierge, placées en ces villes et ces pays lointains, sans faire attention ni réfléchir que les femmes enceintes doivent éviter les voyages, pour la sûreté et la prospérité de leur fruit; que les prières les plus ferventes sont les plus agréables

partenu au palais de Pilate à Jérusalem. Les vingt-huit marches en marbre blanc de cet escalier sont recouvertes en bois taillé à jour, afin qu'on les puisse voir, et qu'on ne les salisse ni ne les use.

Il existe, à droite du bas de l'escalier sacré, deux affiches encadrées, l'une en français et l'autre en italien, où se trouvent consignés divers enseignements relatifs aux indulgences attachées à la montée à genoux de cet escalier.

N'ayant pas de crayon sur moi, je me proposais d'y revenir dans l'après-midi pour pren-

---

et les plus exaucées, et que la sainte Vierge et son Fils, né dans une pauvre étable, ne considèrent ni la richesse ni la beauté des statues qui les représentent, mais bien l'humilité chrétienne et la pureté du cœur de celui qui prie.

Les statues de Junon, comme celles de la sainte Vierge, à Lorette, étaient ornées de riches présents en or, écrins et diamants précieux, donnés par leurs adorateurs venus de tout pays, même des Indes. Certaines statues, telles que celles de Jupiter et de Junon à Héliopolis, étaient en or massif, d'après le dire de Lucien ; et la tête de la déesse, ornée d'un diamant brillant, éclairait le temple la nuit comme une lampe ardente[*]. Le peuple les honorait et les révérait d'autant plus qu'elles étaient riches et brillantes, comme il honore et révère plus ou moins l'homme, suivant la richesse et la beauté de son habit.

J'ai toujours eu peu de confiance aux pèlerinages de-

[*] Voyez Lucien, *Déesse de Syrie*.

dre des notes ; mais je perdis ou, bien plutôt, on me vola ma bourse, ce qui me dérangea dans mon projet. Du reste, voilà ce que ma mémoire peut me fournir sur les affiches dont il s'agit.

Un pape, qui vivait et régnait vers le onzième ou le douzième siècle, accorda neuf années d'indulgences pour chacune des marches de cet escalier que l'on monterait à genoux, avec un cœur contrit. Un autre pape, vers le commencement du dix-neuvième siècle, accorda la même indulgence, mais à perpétuité. Les mots dont on se sert pour exprimer tout cela m'ont paru équivoques ou vagues ; c'est pourquoi je me proposais de les revoir.

puis qu'une femme nouvelle mariée, allant à la Délivrande, fit une fausse couche par la chute de son cheval, ou seulement par le sautillement et le mouvement de son trot. Résultat funeste aux yeux de toutes personnes, et surtout des hommes pieux et religieux ; on perd un temps précieux à faire ces pèlerinages, et on fait des frais considérables, qui seraient mieux placés, il me semble, en bonnes œuvres pour soulager les pauvres et les indigents, qu'à voyager ainsi et parcourir le monde. L'homme a naturellement et nécessairement assez de besoins et de fatigues, sans s'en faire encore d'inutiles par imagination et par superstition.

Du reste, un pèlerinage à Jérusalem tel que l'ont fait MM. de Chateaubriand et de Lamartine est un beau et pieux voyage pour un chrétien, lorsqu'il est riche, et qu'il n'a rien de mieux à faire.

On peut appliquer cette indulgence aux âmes du purgatoire.

Les deux manières de prêtres qui inspectaient ces dévotions et gardaient, je crois, les cannes et les parapluies, avaient la moitié du visage sérieux, et l'autre riant ou souriant. Je n'ai pas vu les brillants cardinaux monter à genoux le saint escalier; peut-être le montent-ils en d'autres circonstances.

CHAPITRE XXIV.

MOEURS ET CARACTÈRES DES ROMAINS ET DES ROMAINES, AINSI QUE DES PEUPLES D'ITALIE EN GÉNÉRAL.

N'étant point satisfait de la peinture des Romains et des Romaines, telle que l'a faite Chateaubriand dans sa lettre précitée, je vais donner le résultat de mes observations, non-seulement sur le peuple de Rome et de ses campagnes, mais encore sur les Italiens des diverses contrées que j'ai parcourues.

Les paysans des environs de Rome, en général, sont encore, comme du temps de Tite Live, les plus petits des Italiens. A Rome, où il se trouve des étrangers, il y a des exceptions. Mais, tout mélangés qu'ils sont, j'ai été loin d'y voir, comme Chateaubriand, ces belles figures romaines qui ont servi de modèle ou de type aux Raphaël et aux Dominicain pour représenter les personnages de l'histoire.

J'ai bien examiné le peuple, et dans les églises, où toutes les conditions se réunissent, et ailleurs ; j'ai trouvé que les belles figures qu'on nomme romaines, très-rares par tout pays, sont aussi rares et plus rares même à Rome que dans d'autres contrées de l'Italie. J'en ai vu plus à Naples, Sorrente et Capoue, et même dans le midi de la France, par exemple, dans les villes d'Arles, Bordeaux, Béziers [1], Toulouse et leurs environs, que dans Rome et ses campagnes ; cela se conçoit facilement : l'air est, en général, malsain à Rome et dans la campagne romaine, et la malaria qui règne en été dans cette contrée, altère plus ou moins le tempérament des habitants, rend leur teint pâle et blême, et affaiblit toujours ceux qui n'ont pas la fièvre, ou qu'elle n'emporte pas. C'est dans la ville d'Albe et ses environs, où l'air est très-sain, que je trouve ce qu'il y a de mieux sous ce rapport dans l'État de l'Église. Le peuple,

[1]. Si je cite les habitants du midi de la France plutôt que ceux du nord, ce n'est pas que je pense qu'il y a plus de beaux hommes dans le Midi que dans le Nord, mais c'est parce que le ton des chairs, le teint brun, la couleur historique, en un mot, qui a servi de type aux premiers peintres d'Italie, se trouve plus commune, plus répandue dans le midi que dans le nord de la France ; car il y a sûrement et proportionnellement plus de beaux hommes à Caen et dans le département de la Manche, par exemple, que dans tout le Midi.

de taille médiocre ou petite, sans avoir de grands traits, a communément la figure bien faite et le vermillon de la santé. Il y a de jolies femmes. La gravité qui règne à Rome sur les visages et dans le maintien, jointe aux souvenirs glorieux de l'histoire, est peut-être ce qui a trompé Chateaubriand, et l'a engagé à faire une description poétique des Romains et des Romaines, plutôt qu'une peinture ressemblante et naturelle [1].

A l'égard de l'instruction primaire et des habitudes populaires, telles que la fainéantise, le vol et la mendicité, les gouvernements ont bien à faire en Italie, d'autant plus que ces habitudes sont invétérées, et que l'instruction dans bien des places est en arrière de près d'un siècle, excepté dans le Piémont et la Savoie et peut-être en Toscane. J'ignore à quel point en est l'éducation primaire dans l'État de l'Église ; du moins je ne suis point fixé là-dessus. A Naples, suivant divers rapports, elle

1. Les Romains et les Romaines, sous aucun rapport, ne sont mieux que les autres Italiens. Mais si les souvenirs glorieux de l'histoire ont eu de l'influence sur Chateaubriand dans les descriptions et les peintures dont il s'agit, ces mêmes souvenirs chez les Romains et les Romaines, plus intimes, plus flatteurs et plus actifs dans leurs effets, alimentent certainement leur amour-propre, augmentent l'orgueil qu'ils ne peuvent contenir, et qui, par conséquent, paraît sur leur visage et dans leur maintien.

est presque nulle. Du reste les longues files d'écrivains publics que l'on voit sur les places, à Naples, prouvent jusqu'à l'évidence combien l'instruction du peuple est arriérée dans ce pays.

Dans les Deux-Siciles et l'État ecclésiastique, à Rome et à Naples, les mendiants vous assiégent et pullulent; les commissionnaires vous importunent et parfois vous trompent; en un mot on est souvent volé, vexé de toutes manières. J'ai voyagé dans une partie de l'Europe et dans toute la France, et je n'ai jamais été volé qu'en Italie. Ne vaudrait-il pas mieux que tous ces mendiants et moines mendiants, vermine qui s'attache aux riches et aux voyageurs, qui fatigue la terre sans la cultiver, soient occupés les premiers aux travaux de la campagne, ou dans les fabriques qui manquent et qu'on devrait fonder; les autres, comme nos frères des écoles chrétiennes, à instruire la jeunesse dans la religion, sans superstition, à leur apprendre à lire, écrire et calculer, plutôt que de mendier bassement comme ils le font? C'est ce que les gouvernements, aidés par les prêtres, doivent faire, et c'est en Italie ce qu'ils ne font pas. Oh! que je préfère à tous ces moines nos frères des écoles chrétiennes, nos sœurs hospitalières et de la Miséricorde et nos établissements de la Providence pour l'instruction des jeunes filles!

Le Saint-Père, arrêté par la force des choses existantes, ne peut faire ce qu'il voudrait, et comme en politique et surtout en religion les changements doivent se faire lentement et insensiblement, et que d'après l'usage établi de nommer pour pape un vieillard, son règne ne peut être de longue durée, il est à craindre par cela même qu'à moins d'une révolution toujours violente et souvent funeste, l'ordre présent des choses ne reste encore bien longtemps tel qu'il est.

A l'égard des mœurs que l'on a tant blâmées, mon âge surtout, et le peu de temps que j'ai passé dans chaque ville, m'empêchent d'être compétent pour en bien juger : cependant, d'après tout ce que j'ai vu, et les observations et informations que j'ai faites et prises, je crois les mœurs plus décentes, moins corrompues et déréglées que ne l'ont dit Dupaty et d'autres voyageurs[1]. Ce qu'il y a de bien cer-

1. J'ai appris depuis mon retour d'Italie qu'il existe à Rome et dans l'État de l'Église un corps moitié laïque et moitié ecclésiastique qui occupe les charges administratives de toute espèce et qui porte, dit-on, l'habit ecclésiastique, sans doute parce qu'il le croit le plus honorable : il serait avantageux, je pense, pour le clergé que ces hommes, dont la conduite est sans doute moins grave et moins régulière, fussent reconnaissables par un costume différent; car, si l'on ne peut les distinguer des véritables prêtres, cela nuit beaucoup à la réputation de

tain, c'est qu'on ne voit point à l'extérieur, comme en d'autres pays, les hommes et les femmes avoir ensemble des liaisons apparentes d'amour et de galanterie. Les Italiennes comme les Françaises dans le Midi, quoique sensibles et voluptueuses, ont certainement plus de pudeur et de retenue avec les hommes que dans le Nord, surtout à Londres et à Paris. Ce que je dis ici n'est point pour blâmer les Anglaises de Londres ni les Françaises de Paris; elles sont bien certainement les plus aimables femmes du monde, personne ne le conteste [1]; mais c'est un fait que je signale au sujet des Italiennes pour répondre aux imputations mal fondées, selon moi, de quelques voyageurs. Du reste, la vénération particulière qu'ont les Italiens et surtout les Italiennes pour l'image de la Vierge, qui, d'après l'opinion reçue, est mère de la pureté, inspire certaine-

ces derniers, dans l'esprit du peuple et des voyageurs, qui, ordinairement, ne regardent pas, en général, le clergé romain comme bien sage et bien régulier dans sa conduite et dans ses manières.

1. Lorsqu'on arrive de voyage et qu'on approche de Paris, on trouve chez les femmes un certain laisser-aller, si je dois ainsi dire, un air libre et gracieux qui charme et qui attire. Les Parisiennes, en général, sont bien les filles d'Ève, sans altération ni dégénération; les femmes des autres pays ne sont que ses parentes moins ressemblantes et plus éloignées.

ment beaucoup plus que les images de Vénus qu'on adorait jadis dans ce pays, quoique les anciens eussent leur Vénus Génitrix et céleste [1]. A l'égard d'un vice plus odieux et contre nature, commun, dit-on, en Italie et dans le Levant, voyez l'article Marseille, vers le commencement de cet *Itinéraire*.

Ce que je trouve plus mal qu'en France et en Belgique, et peut-être actuellement que partout ailleurs, ce sont les prêtres et les moines, surtout les mendiants. Les prêtres, à Rome comme à Gênes et en d'autres villes d'Italie, ont des manières peu réservées, et se comportent en général avec peu de décence et de dignité. Peu attentifs à la noblesse de leurs fonctions, ils agissent librement et sans gêne, comme s'ils avaient les clefs du paradis. On en peut juger par la plupart de nos missionnaires, qui pour la plupart nous viennent de la ville éternelle.

A Saint-Jean de Latran, le jour de l'Ascension, un prédicateur de cette espèce perça brusquement la foule, comme un jeune homme

---

1. Dans à peu près toutes les boutiques et les maisons des villes d'Italie que j'ai vues, depuis Naples jusqu'à Gênes inclusivement, il y a une madone (sculpture ou peinture de la Vierge), à côté de laquelle brûlent tous les soirs, et parfois jour et nuit, des lampes, cierges ou andelles : il y a aussi parfois un crucifix.

arrivé trop tard à un spectacle qui l'intéresse. Ensuite il monta dans la chaire et se mit à prêcher les brillants cardinaux et les nombreux assistants, avec un air indifférent sur sa mission et peu capable de convaincre et de persuader. Du reste, un homme digne de foi m'a assuré qu'il a vu fréquemment à Rome des prêtres dans les cafés, jouer aux dames, aux cartes et au billard, etc., ainsi que dans les théâtres, au parterre et dans des loges. N'ayant été au spectacle dans aucune ville d'Italie, ni dans les cafés de Rome et de Naples, je ne puis donc rien affirmer sur les faits dont il s'agit. Seulement voyez l'article Gênes, chapitre IV, page 230.

Les Italiens ont-ils l'esprit plus ouvert, l'intelligence plus riche et plus puissante que les autres peuples de l'Europe ?

La renaissance des arts et des sciences en Europe n'est pas le fruit, selon moi, d'un génie supérieur et particulier départi par la nature à la nation italienne, chez laquelle d'abord elle a eu lieu. Elle a été bien plutôt, il me semble, le résultat de causes particulières indépendantes de ce génie; telles que les rapports de commerce qu'avaient Florence, Pise et Venise avec Constantinople et toute la Grèce, dépositaire sans interruption des connaissances et de la science des anciens. Telles encore les richesses introduites en Italie par les annates, les indulgences, les dispenses, etc., sources de richesses employées principalement à fonder des monuments religieux, ériger des statues, orner des églises, des palais, des couvents, et qui depuis la découverte du cap de Bonne-Espérance, laquelle paralysait ou du moins affaiblissait le commerce italien dans le Levant, laissait, pour ainsi dire, les sciences et les arts, principalement l'architecture, la sculpture et la peinture, en possession des seules voies ouvertes au génie et aux talents pour arriver aux honneurs et à la fortune [1]. D'ailleurs les modèles antiques d'architecture et de sculpture existant en Italie, et découverts par des fouilles; quel-

[1]. En effet, le commerce italien dans le Levant, qui depuis un temps immémorial se prolongeait en Perse, dans l'Inde et la Chine, par l'entremise des Grecs, des Égyptiens et des Arabes, se trouva presque anéanti par la découverte du cap de Bonne-Espérance, que doubla Vasco de Gama, et dont ses compatriotes, par la force des armes et l'étendue de leur commerce, profitèrent exclusivement durant près de cent ans, au détriment des Italiens, des Égyptiens, des Grecs et des Arabes. Mais cette prospérité ne dura pas toujours; devenus riches et par conséquent efféminés, ils furent eux-mêmes expulsés et remplacés en grande partie par les Hollandais, les Anglais et d'autres peuples de l'Europe.

ques tableaux venus de la Grèce ou bien heureusement conservés à Rome ; les savants grecs réfugiés dans ce pays après la prise de Constantinople par les Turcs ; enfin le génie des Médicis qui sut les accueillir, les employer et les récompenser, réveillèrent et stimulèrent les esprits endormis ou engourdis, et servirent puissamment encore à cette renaissance. Ainsi, la Bretagne, qui a produit, proportionnellement à sa population, plus d'écrivains célèbres que diverses provinces de France, n'est pas assurément sous un climat plus favorable au génie. Mais, si l'on excepte Nantes et Saint-Malo, il n'y a pas vingt ans encore que l'industrie manufacturière *surtout*, et le commerce, y étaient presque nuls ; et l'agriculture arriérée et dédaignée par la noblesse, qui possède la plupart des terres et qui par cela même, et par l'estime dont elle jouit, devait, au contraire, donner l'impulsion, ne laissait aux hommes de talents, qui partout veulent se distinguer et arriver à la fortune, d'autres carrières à parcourir que celles des arts libéraux, des sciences et des lettres honorées et cultivées dans ce pays. Voilà, selon moi, la principale et peut-être la seule cause de cette différence notable et du grand nombre d'écrivains que la Bretagne a produits. Il en est de même de l'Auvergne, quoique la nourriture dans ces provinces soit en général grossière et mauvaise, et que son influence soit préjudiciable à la force énergique du corps et de l'esprit. Récompensez largement les talents, que les arts et les sciences soient les voies les plus sûres pour arriver aux honneurs et à la fortune, et vous aurez des astronomes célèbres, des peintres, des sculpteurs, des philosophes distingués, depuis la Suède jusqu'à l'Égypte et dans tous les pays tempérés où l'homme prospère corporellement. Témoins Tycho-Brahé et Linné, dans la Scandinavie; Newton, Bacon et Milton, en Angleterre; Copernic, Képler et Humboldt, en Prusse; Érasme et Boerhaave, Rubens et Lucas, dans les Pays-Bas.

On a fait venir, dit M. Henri Swinburne, des ouvriers allemands pour établir diverses manufactures dans le royaume de Naples; mais toutes celles qui demandent de la délicatesse, de la patience et du goût, n'ont pu réussir; il n'y a que celles d'armes à feu qui aient prospéré. Quel changement! quelle dégénération! quel sujet de réflexions! C'est bien la preuve certaine de ce que j'ai dit ailleurs, que les climats tempérés du Nord sont au moins aussi favorables que les plus chauds aux talents de toute espèce et aux productions de l'esprit.

CHAPITRE XXV.

DU CLIMAT.

Le ciel d'Italie est-il bien plus beau, la lumière plus brillante et l'air plus pur qu'en Afrique, en France et en Espagne?

J'ai fait le voyage d'Italie dans la plus belle saison et le plus beau mois de l'année (mai 1855), et je n'ai pas vu ou reconnu cette lumière éclatante, ce beau ciel tant vanté dans les livres; le ciel était alternativement clair et serein, pluvieux ou nuageux, comme en France; le temps très-variable. Lorsque je fus à Florence, les eaux de l'Arno, sales et limoneuses, avaient débordé, inondé, emporté les plantes des labours et des jardins; sur trois jours et demi que j'y ai séjourné, il a tombé de l'eau durant au moins trente-six heures [1].

[1]. Je suppose les nuits mauvaises quand les jours étaient mauvais, ce que j'ignore en partie. Du reste, à

Le pays entre Pise et Livourne est en partie très-humide et par endroits marécageux. A Rome, durant huit jours que j'y ai passés, il a tombé de l'eau un grand tiers de ce temps. Les eaux du Tibre, qui débordent souvent, sont toujours, dit-on, comme je les ai vues, jaunes et brouillées. N'est-ce pas la preuve certaine qu'il tombe beaucoup d'eau sur les Apennins où il prend naissance, et même dans les contrées qu'il arrose? car sa source n'est pas, comme celle du Nil, très-éloignée de son embouchure [1]. Il est donc probable que toutes les causes ci-dessus rapportées ou indiquées rendent les eaux du Tibre et de l'Arno insalubres et de mauvaise qualité.

Je n'ai pas vu même à Naples, durant les neuf jours que j'y ai passés, un seul jour aussi pur, aussi beau que les quinze derniers jours du mois d'août et les quinze premiers de septembre de la même année en Normandie, quoiqu'il fît assez beau temps à Naples et

---

Rome, comme à Florence, les pluies étaient plus fréquentes qu'abondantes.

1. La fonte des neiges sur les Apennins est sans doute une des causes qui rendent les eaux de ces rivières toujours brouillées en été et insalubres en toute saison aux besoins et aux usages de la vie; mais les pluies y contribuent aussi beaucoup, car les neiges, sur ces montagnes, ne sont pas éternelles comme sur les Alpes.

qu'il n'y ait tombé de l'eau qu'une seule fois durant mon séjour.

J'ai été, comme je l'ai dit ailleurs, sur la montagne Saint-Elme, voir le célèbre monastère de Saint-Martin ; et, quoique le soleil fût brillant ce jour-là et que je visse parfaitement la ville de Naples jusqu'au Vésuve, la Somma et toute cette file charmante de villes et villages qui longe la côte jusqu'à Castellamare, cependant quelques nuages circulaient encore, et une brume légère, brillante par les rayons du soleil, m'empêchait de voir Vico, Sorrente et toutes les îles répandues dans ce beau golfe.

Cela n'empêche pas que les jardins, soignés à Naples comme à Paris, produisent leurs légumes et leurs fruits un mois plutôt ; et cela par la chaleur du climat, et la qualité des terres plus substantielles et plus légères à Naples qu'à Paris.

En résumé, si le climat d'Italie est plus beau que celui de France, ce n'est guère que dans les trois mois de l'été ; car en hiver, quoiqu'il y gèle un peu moins, et moins souvent, les pluies, par cela même, y sont très-fréquentes et très-abondantes ; et cet avantage est bien chèrement acheté par le voisinage dangereux des volcans et des marais empestés par l'influence accablante et parfois funeste du siroco ;

par l'intempérie des chaleurs et des grandes sécheresses, qui ont lieu souvent en été et dont résultent la malaria, les fièvres de toute nature et l'amaigrissement des produits de la terre.

CHAPITRE XXVI.

CIVITA-VECCHIA. — LA CASCINA. — PISE. — TOUR PENCHÉE. — LE CAMPO-SANTO. — ÉGLISE DE SANTA-MARIA DELLA SPINA.

Aujourd'hui, 18 mai, à 5 heures du matin, 11° cent.

Je pars pour Civita-Vecchia, où j'arrive à 5 heures du soir. Les terres, depuis Rome jusqu'à trois lieues environ de Civita-Vecchia, sont en général assez bonnes, et par endroits cultivées ; le reste est presque tout mauvais, couvert en partie de quelques bois nains, chétifs et rabougris. Aux approches de cette ville, les terres engraissées et très-bien cultivées paraissent d'une qualité médiocre et même quelquefois bonne. Cette ville, jadis peu considérable, a pris de l'importance depuis l'occupation de Rome par les Français, et comme point de relâche des bateaux à vapeur, qui depuis peu de temps vont à Naples, en

Sicile et dans le Levant. Elle peut avoir 7 à 8 mille habitants.

Le samedi, 19, à 4 heures du soir, nous partons sur bateau à vapeur pour Livourne, où nous arrivons le dimanche, à 6 heures du matin. Nous allons le même jour à Pise. Les terres entre Pise et Livourne sont en partie couvertes d'eau, humides ou bien marécageuses ; celles qui ne sont pas trop humides sont de bonne qualité.

La Cascina, immense ferme fondée par les Médicis, sur une plage abandonnée de la mer, est près de là sur ses rivages. Elle nourrit, d'après M. Dupays, plus de deux mille vaches, quinze cents chevaux et deux cents chameaux dont les ancêtres sont venus en Toscane du temps des croisades. Il n'y en a pas de semblables en Europe.

Pise, jadis très-célèbre et très-peuplée, est bien déchue de son ancienne splendeur. Elle comptait cent cinquante mille habitants sous le gouvernement républicain, actuellement elle en a moins de vingt-cinq mille. Du reste tous ses anciens monuments, ses palais, ses églises, ses peintures sont encore existants, seulement les peintures s'effacent et s'endommagent dans le Campo-Santo.

Tous les monuments remarquables de Pise sont réunis sur la place de la Tour penchée, savoir : la cathédrale, le baptistère, le Campo-Santo, espèce de cimetière garni de terre apportée de Jérusalem, et que les Pisans destinèrent et consacrèrent à leurs grands hommes.

Le Campo-Santo, monument remarquable, forme un parallélogramme, ou bien improprement un carré long, de quatre cent soixante-dix pieds sur cent quarante de largeur, entouré d'abord d'un mur sur lequel il y a intérieurement des peintures à fresque, ouvrages des plus grands maîtres de l'époque, représentant divers sujets de l'Ancien et du Nouveau Testament, etc., et notamment le paradis, le purgatoire et l'enfer. Le peintre envoie tout droit dans ce dernier les religieuses et les moines dont les mœurs en général, ainsi que celles des prêtres, n'étaient pas très-pures, il paraît, dans ces temps reculés (treizième siècle). Il y a intérieurement, et parallèlement à ce mur, soixante-deux arcades, formant un portique bien couvert, adjoint et adossé contre le mur, qui garantit les peintures de la pluie, mais non des injures de l'air et du temps ; car il s'en trouve beaucoup qui sont en partie gâtées, effacées et détériorées de toutes manières.

Après avoir vu Rome, ses musées et ses beaux édifices, je ne trouve de remarquable à Pise que le Campo-Santo, ci-devant décrit, et la tour cylindrique et penchée dont je dirai quelques mots[1]. Elle a sept étages de colonnes superposées, et cent quarante-deux pieds de hauteur, le tout en marbre. Son inclinaison est, dit-on, de douze pieds : je n'avais pas de plomb pour la mesurer ; mais au coup d'œil, sans cet instrument, elle n'a pas l'air de s'incliner de plus de deux mètres. Je vois aussi sur le quai méridional de l'Arno la petite église ou chapelle de Santa-Maria della Spina, ainsi nommée à cause d'une épine qu'elle renferme, provenant de la vraie couronne, apportée de la terre sainte par un marchand de Pise, vers le temps des croisades. Cette chapelle gothique, revêtue de marbre blanc, est d'ailleurs moins élevée, moins élégante et moins grandiose que la Sainte-Chapelle de Paris, fondée dans le même temps par saint Louis, roi de France.

Le soir du même jour, à cinq heures, nous partons pour Florence, où nous arrivons à huit heures. De Pise à Florence, bonne terre, bonne culture ; rien de bien remarquable.

[1]. Le dôme et le baptistère, bâti tout en marbre, sont pourtant des édifices assez rares et considérables, surtout pour les temps où ils ont été faits.

CHAPITRE XXVII.

FLORENCE. — LE DÔME. — LE CAMPANILE. — LE BAPTISTÈRE. — PORTES EN BRONZE D'UNE BEAUTÉ ADMIRABLE.

Située dans une plaine vaste et fertile, Folrence, dans laquelle a eu lieu principalement la renaissance des lettres, et qui, par cette raison, est surnommée l'Athènes des temps modernes, est véritablement une ville des plus intéressantes. Non-seulement elle possède dans ses musées de nombreux chefs-d'œuvre de peinture et de sculpture qu'on ne trouve pas ailleurs, mais encore son dôme, le campanile et le baptistère, réunis comme à Pise sur la même place, sont également des chefs-d'œuvre d'architecture pour les temps où ils ont été faits.

Le dôme de Sainte-Marie des Fleurs, y compris la croix, a trois cent trente pieds de hauteur, et son diamètre extérieur, pris à sa naissance, est de cent soixante : la longueur totale de l'édifice est de quatre cent vingt-six pieds ; mais l'intérieur du vaisseau, sombre et mal éclairé, ne répond pas, selon moi, à la grandeur de l'édifice, ni à la beauté de la coupole. C'est, dit-on, probablement cette coupole que trouvait si belle Michel-Ange, qui lui donna l'idée et put lui servir beaucoup à faire celle de Saint-Pierre de Rome, plus de cent ans après.

De la galerie circulaire placée vers le haut de cette coupole, où nous avons monté, on découvre parfaitement toute la ville, arrondie et bâtie dans une plaine spacieuse, séparée en deux parties inégales par l'Arno.

Placé à côté et à droite du dôme, le campanile, superbe tour carrée, élevée de deux cent cinquante-huit pieds, est revêtu de marbres blancs, rouges et noirs, mêlés et bigarrés, bien joints ensemble. Ornée d'ailleurs de bas-reliefs et de statues, elle est montée de même largeur du bas en haut jusqu'à la corniche, et n'a pas la forme pyramidale de nos clochers gothiques. C'est un monument charmant, unique dans son genre.

Le baptistère, manière de rotonde servant au culte, est un monument revêtu de marbre, qui n'aurait à mes yeux rien de bien remarquable, si ce n'est ses portes de bronze, ornées de scuiptures magnifiques, des plus belles que j'aie jamais vues. Celle qui est placée au levant est surtout admirable. Michel-Ange disait de cette porte qu'elle mériterait d'être la porte du paradis. En effet Ghiberti, qui l'a faite, a représenté à l'extérieur divers sujets de l'Ancien Testament, avec une grâce, une vérité, un talent extraordinaire; c'est le plus beau modèle de la plus belle nature; savoir : 1° Création de l'homme; 2° Peine du travail après le bannissement du paradis; 3° Noé après le déluge; 4° Promesses faites à Abraham; 5° Ésaü cède son droit d'aînesse; 6° Joseph et ses frères; 7° Lois du Sinaï; 8° Murs de Jéricho; 9° Bataille contre les Ammonites; 10° La reine de Saba chez Salomon.

Il existe aussi sur cette porte, ou plutôt autour de cette porte, d'élégantes et charmantes figurines, dont l'une représente deux oiseaux accouplés dans les convulsions de l'amour, qui, placée à la porte d'une église, scandalisait un Anglais qui se trouvait près de moi.

CHAPITRE XXVIII.

GALERIE DITE DEGLI UFFIZI. — SALLE NOMMÉE LA TRIBUNE. — VÉNUS DE MÉDICIS. — VÉNUS COUCHÉE. — DESCRIPTION DU PEUPLE DE FLORENCE. — GALERIE DU PALAIS PITTI. — VIERGE A LA CHAISE.

Lundi 21 mai, au matin, 11° centigrades.
Je vais voir la galerie de Florence, dite degli Uffizi, comparable sous bien des rapports au musée du Vatican. Elle renferme, ainsi que lui, tant de chefs-d'œuvre, que je ne puis entreprendre d'en donner le détail. Je dirai seulement quelques mots de la salle octogone nommée la Tribune, la plus célèbre de toutes par les chefs-d'œuvre qu'elle renferme. D'abord il s'y trouve cinq statues antiques, savoir : 1° la Vénus de Médicis, chef-d'œuvre du ciseau de Cléomène, Athénien, trouvée dans la villa Adriana, cassée en treize morceaux. Elle est représentée nue; mais elle conserve dans

sa nudité une pudeur remarquable. Elle n'a que quatre pieds sept pouces huit lignes de hauteur.

2° Le jeune Apollon, charmante statue qu'on attribue à Praxitèle.

3° Le Rémouleur, fort bien représenté.

4° Les Lutteurs.

5° Faune dansant : il a le pied droit sur un soufflet, manière d'instrument de musique.

Peintures. — Décollation de saint Jean-Baptiste, ou plutôt tête de saint Jean-Baptiste, placée dans un bassin. Au-dessus, sur la droite, Vénus couchée ou Vénus au petit chien : c'est une peinture *complète* de la beauté la plus parfaite, représentée dans une nudité absolue et sans aucun sentiment de pudeur. Elle a été, par ce motif, placée haut dans la salle. Cette peinture du Titien est, dit-on, le portrait de la maîtresse d'un duc d'Urbin. J'en ai vu la copie au musée de Turin, mais plus petite que l'original, et couverte d'un voile, qu'on ne lève pas à toute personne.

La Vierge au Chardonneret, très-belle peinture, par Raphaël.

La Fornarina, brillante et radieuse figure, jeune et replète, d'une beauté un peu mâle, mais charmante, par Raphaël.

La Sainte Famille, de Michel-Ange, etc., etc.

Mardi 22 mai, à cinq heures un quart du

matin, 14°; à trois heures et demie du soir, 21° cent. Il a fait plus chaud hier qu'à l'ordinaire; aujourd'hui il tombe de la pluie.

Je vais encore au musée degli Uffizi; je vois de nouveau toutes les galeries et les salles, principalement celle nommée la Tribune. J'y vois avec surprise des femmes étrangères, Anglaises, je pense, regarder, disséquer, si je dois ainsi dire, la Vénus de Médicis; ce qu'en pareille circonstance je n'avais pas vu, même à Paris, durant l'exposition et dans le musée, où les femmes de toutes les classes jettent à peine un coup d'œil sur ces images et vont droit leur chemin; une petite fille de leur compagnie en était toute honteuse, et une jeune personne, au coin de la salle, paraissait indifférente et copiait modestement d'autres peintures.

Mardi 23 mai, à cinq heures du matin, 15°; à quatre heures du soir, 17° cent.

Depuis ce matin il tombe de l'eau sans cesse, et le temps est toujours chargé. En général, depuis Naples, le temps a été plus mauvais et, par conséquent, le ciel moins beau qu'aux environs de cette ville et dans la Campanie.

Le peuple de Florence, en général, est mieux couvert et surtout plus propre que celui de Naples. On n'y voit point, comme à Naples, les femmes ni même les hommes se gratter, s'agiter et se démener dans leurs habits.

Mais quoique, par son climat moins chaud et l'usage judicieux de porter des chapeaux de paille, le teint soit plus blanc et plus vermeil, les hommes pourtant m'ont paru mieux formés, plus robustes, plus forts de corpulence à Sorrente, Naples et Capoue qu'à Florence, Pise et Livourne [1]. Du reste, sur le marché à la mangeaille, composée d'avoine verte en majorité et d'herbes de toute sorte, un tiers environ des paysans qui la vendent vont les pieds nus à Florence.

Ne pouvant, à cause de la pluie, sortir facilement, je vais revoir encore les galeries dites degli Uffizi, et particulièrement celles du palais Pitti, peu éloigné de mon hôtel. Je vois dans ces dernières le tableau de la Vierge à la Chaise, par Raphaël. C'est à mes yeux la peinture la plus intéressante que l'on puisse voir : c'est la beauté représentée dans toute sa perfection, jointe à cet air de sagesse et de modestie qui la rend charmante et vénérable, même indépendamment de toute idée religieuse. C'est véritablement un chef-d'œuvre de peinture, quoique les jambes de l'enfant Jésus m'aient paru trop grosses.

1. La beauté est rare à Florence comme ailleurs, et celle des bouquetières est, à mes yeux, au-dessous de leur réputation.

CHAPITRE XXIX.

DÉPART DE FLORENCE. — ARRIVÉE A GÊNES. — CATHÉDRALE SAINT-LAURENT. — APERÇU DESCRIPTIF DU PAYS ET DU PEUPLE DES CAMPAGNES, DEPUIS GÊNES JUSQU'A TURIN.

Jeudi 24 mai, à cinq heures du matin, 13° 5 cent.

Je pars ce matin vers dix heures pour Livourne, afin d'aller à Gênes par bateau à vapeur, ce qui sera plus économique et me garantira d'être volé : d'ailleurs on passerait la nuit en voiture, ce qui en donnerait l'occasion, et m'empêcherait de voir le paysage, les villes et les villages.

Je vais encore, avant mon départ, voir le tableau de la Vierge à la Chaise, galerie Pitti, tant sa beauté est remarquable et frappante. Notre voyage de Florence à Livourne est très-agréable ; il fait beau temps aujourd'hui.

Vendredi 25 mai, à Gênes ; le beau temps

continue et la chaleur devient gênante. N'étant ici que durant peu d'instants, je n'ai pu placer ni employer mon thermomètre. Durant les huit heures que j'ai passées à Gênes, j'ai revu les plus belles rues et visité la cathédrale Saint-Laurent. Construite ou revêtue de marbre blanc et noir, disposé en assises alternatives, elle n'a d'ailleurs rien de bien remarquable que la chapelle de saint Jean-Baptiste, brillamment et richement décorée. Une pompeuse et pieuse cérémonie présidée par l'évêque, qui disait la messe, avait lieu dans cette église pleine de monde. Le jeûne d'aujourd'hui et la Pentecôte qui sera dimanche en étaient sans doute la cause ; plus de mille cierges étaient allumés ; je n'en ai jamais tant vu.

Nous partons de Gênes à quatre heures, et nous arrivons à Turin vers neuf heures et demie. Nous passons par Novi et laissons Marengo à six kilomètres sur la droite.

Alexandrie de la Paille, près de laquelle nous passons et dont nous voyons l'ensemble, est une ville considérable, située dans une plaine abondante et spacieuse. Ensuite nous voyons Moncaliéri, maison royale très-apparente, mais que je ne distingue pas bien à cause de la faiblesse de ma vue et de la nuit qui approche. A partir de Gênes jusqu'à la plaine d'Alexandrie, les terres, montagneuses et peu fertiles, sont très-bien cultivées. Les hommes et les femmes paraissent actifs et sont de taille médiocre ; beaucoup d'entre eux, surtout les femmes, vont les pieds et jambes nus et sont d'ailleurs bien couverts.

CHAPITRE XXX.

DESCRIPTION DE TURIN ET DE SES HABITANTS. — MUSÉES. — DESCRIPTION DU MONT CENIS. — LANS-LE-BOURG. — SAINT-JEAN DE MAURIENNE.

Turin, samedi 26 mai.

Turin, bien située et bien peuplée, est la plus jolie ville que j'aie vue : un Paris en miniature. Elle est bâtie on ne peut plus régulièrement. Les rues, très-droites et fort belles, sont, dans la partie où passent les roues des voitures, garnies et pavées sur deux trains, pour les allants et venants, de larges pierres noires ou grises, si bien taillées, jointes et unies, que les voitures parcourent la ville aussi doucement que les wagons sur les chemins de fer. Je regrette présentement de n'y avoir pas séjourné plus longtemps. J'ai vu cependant les choses les plus intéressantes, telles que le musée d'antiquités et celui des tableaux. Celui des antiquités égyptiennes est remarquable et très-complet. Je n'ai rien vu d'aussi considérable qu'à Londres et à Rome. Celui des tableaux, assez bien dans son genre, est moins complet et moins intéressant.

En général, Turin n'est point comme toutes les villes d'Italie que j'ai vues : je n'en connais aucune dans ce pays, et même ailleurs, d'aussi riante, d'aussi charmante, d'aussi gracieuse. La population, sémillante et bien mise, est plutôt française qu'italienne dans ses manières; on imite Paris, c'est tout dire. Les religieuses même sont mises et coiffées comme à Paris. J'ai été voir le fleuve du Pô, qui est déjà large à Turin comme la Seine à Paris, et dont les bords sont agréables et verdoyants. J'ai passé sur le beau pont bâti par les Français.

On n'est pas à Turin, comme dans les autres villes d'Italie, assiégé par les mendiants et les commissionnaires; il en est de même à Chambéry, Genève et dans toutes les villes où j'ai passé jusqu'en France.

Nous partons de Turin vers huit heures, et nous traversons en chemin de fer une campagne fertile jusqu'à Suse, éloignée de Turin d'environ douze lieues. Ensuite, vers dix heures, nous partons et montons le mont Cenis en voiture, et nous arrivons vers deux heures et demie au point le plus haut de la montagne. En approchant, et vers ce point l'air était vif et très-froid, il y avait des bancs de neige amoncelés par les vents, de douze à quinze pieds de hauteur. Et remarquez bien qu'il n'existait sur le plus haut de cette montagne ni arbres ni végétaux, et qu'il a fallu constamment douze chevaux depuis Suse pour monter jusque-là, quoique nous ne fussions en voiture que trois ou quatre voyageurs. Alors, on a laissé dix chevaux; deux ont suffi pour descendre jusqu'à Lans-le-Bourg. D'abord, en descendant du point le plus élevé, il n'y avait, comme je l'ai dit, ni plantes, ni arbres, ni arbustes; mais après quelques minutes d'une marche rapide, il a paru de petits sapins d'un à deux pieds de hauteur, puis des mélèzes, également petits, sans feuilles vertes, comme ils sont en hiver dans toute l'Europe ; et à mesure que l'on descendait, la hauteur des sapins et mélèzes augmenta jusqu'à deux kilomètres environ de Lans-le-Bourg, où la culture de quelques plantes chétives a reparu, et les arbres de toute espèce, de médiocre hauteur.

Lans-le-Bourg, poste royale, et hameau dont les maisons paraissent d'autant plus petites qu'elles sont environnées de hautes montagnes, est situé au pied du mont Cenis, dans un lieu sauvage et retiré.

En quittant ce hameau, nous suivons un vallon et une rivière, entre de hautes montagnes boisées, et nous passons par Saint-Jean de Maurienne, pauvre petite ville, où nous voyons plusieurs goîtreux et crétins, qui sont petits et paraissent stupides. Ensuite nous passons par Montmélian, petite ville, et nous arrivons à Chambéry vers cinq heures et demie.

CHAPITRE XXXI.

CHAMBÉRY. — DESCRIPTION DES CHARMETTES. — DE CHAMBÉRY. — DES SAVOISIENS. — DES VILLES ET CAMPAGNES JUSQU'A GENÈVE.

Lundi 28 mai, à cinq heures du matin, 15° 5 centigrades, beau temps.

Nous allons, M. Laurens, Anglais de nation, et moi, voir la maison des Charmettes qu'habitèrent, il y a plus de *cent ans*, J. J. Rousseau et Mme de Warens. Ce réduit solitaire est placé sur le penchant d'une vallée à l'est et d'un vallon au midi, entremêlé et entouré de jardins, de vergers et de vignes; près de là, vers le midi, un ruisseau bien courant et murmurant, des pâturages, des champs, des bosquets; en face, au levant, de l'autre côté de Chambéry et de la vallée, une montagne coiffée de neige et bien cultivée jusqu'à moitié de sa hauteur; à droite et à gauche en deçà, la vallée de Chambéry, bien fertile et en partie cultivée : ainsi de la maison champêtre et commode qu'habitaient ces personnes, à cinq cents mètres de Chambéry, l'on est en pleine campagne, et le terrain du verger au-dessous de la maison est tellement disposé que la ville même ne se voit pas. Ajoutez à tout cela un jardin très-simple, placé derrière et au bout de la maison, un ciel très-pur et très-beau, un jour très-doux, brillant des attraits du printemps, le ramage des oiseaux et le chant du rossignol que j'entendais, et vous aurez l'idée complète de ce que j'ai vu et entendu, et du réduit tant vanté, nommé les Charmettes. J'ai écrit sur un livre déposé dans la chambre :

O vous qui, comme moi, voyagez dans la vie,
Pour connaître des arts les restes précieux,
D'un vieillard ignoré, d'un homme sans génie,
Agréez les saluts, recevez les adieux.

Il y a tant de bien et de mal à dire de J. J. Rousseau, ses dits et faits sont tellement différents et discordants, que je crois devoir garder le silence et m'abstenir à ce sujet.

Chambéry est une ville des plus éclairées, et où l'on vit au meilleur marché : elle copie nos grandes villes, on y parle bien français. Ainsi la médiocrité, favorable au bonheur sous tous les rapports, y trouve son aliment et son agrément, tant au moral qu'au physique : d'autant plus que l'air y est très-pur et très-sain, et que les Savoisiens, en général, sont essentiellement paisibles et bons. — Le sang d'ailleurs y est très-beau ; il y a de plus belles femmes qu'en Italie.

Mardi 29 mai, nous partons pour Genève à sept heures du matin, et nous arrivons le soir à six heures.

De Chambéry à Genève on passe d'abord par Aix, jolie petite ville, avec des eaux thermales renommées.

Annecy, par laquelle on passe également, a des usines et quelques manufactures. En général, sous le gouvernement sarde, ce n'est pas comme dans le reste de l'Italie, tout prend de la vie, tout s'améliore et prospère évidemment.

Les églises de campagne sont clair-semées dans cette direction, mais elles paraissent à l'extérieur assez riantes et jolies ; leurs clochers couverts en ardoises, garnis sur les carrés en cuivre ou en fer-blanc, brillent et resplendissent aux rayons du soleil.

J'ai vu à Chambéry, comme je l'ai dit, et même à Annecy, où il se trouvait beaucoup de monde à cause du marché, qui s'y tenait ce jour-là, et ensuite jusqu'aux environs de

Genève, nombre de belles personnes, au teint vermeil, riches de poitrine et de corpulence; mais à Genève, mélange de toutes les nations, il m'en a paru moins.

Quoique le haut des montagnes, près de Chambéry, soit encore couvert de neige, cependant la végétation y est plus avancée qu'aux environs de Genève. Les feuilles des noyers, aux Charmettes, sont arrivées à leur grandeur ordinaire, et les blés aussi forts qu'ils l'étaient à Livourne il y a un mois. Mais à mesure que l'on s'éloigne de Chambéry et qu'on approche d'Annecy, et même qu'on le dépasse d'environ trois lieues, la végétation est de moins en moins avancée. En approchant de Genève, le terrain s'incline; la culture est meilleure, les engrais plus abondants, et la végétation reprend un peu d'avance.

En quittant la terre de Savoie, lorsque l'on a passé l'Arve, la Suisse, que l'on trouve, sourit gracieusement. On voit bon nombre de maisons de campagne, des plus brillantes et des mieux tenues, environnées de marronniers fleuris, d'arbres et d'arbustes de toute sorte, qui, dans leur ensemble, annoncent plutôt l'aristocratie des riches qui nagent dans l'abondance, que la démocratie des pauvres manquant du nécessaire, et la faux de l'égalité. En somme, on jouit dans ce voyage, depuis Chambéry, des vues les plus pittoresques, et l'on trouve un pays de qualité médiocre, mais agréable et bien cultivé.

CHAPITRE XXXII.

PROMENADES SUR LE LAC DE GENÈVE. — COPPET. LAUSANNE. — VEVAY. — VALAISANES. — DÉPUTÉS VAUDOIS.

Mercredi 30 mai, à Genève, cinq heures du matin, 16° centigrades.

Je vais à la promenade sur le lac de Genève, dont nous faisons à peu près le tour. Le bateau à vapeur qui nous portait s'arrêtait aux lieux principaux, pour y laisser et prendre des voyageurs.

Nous passons d'abord par Coppet, bourg ou village peu considérable, qui n'a de remarquable que la maison de Mme de Staël, où elle et son père sont inhumés. C'est une maison aussi élégante qu'apparente, dont l'architecture très-simple peut remonter au dix-septième siècle.

Nous voyons successivement Nyon, petite ville; Rolle, simple village; Lausanne, chef-lieu du canton de Vaud, situé à peu près à un kilomètre du lac. Nous voyons la ville en partie et ses églises, qui sont apparentes et paraissent belles : pour y aller du lac, il faut d'abord monter, et puis descendre pour arriver.

A partir de Cally, qui se trouve ensuite, il y a sur le coteau des vignobles très-bien soignés et cultivés; les terres sont retenues par des murs placés parallèlement et distancés à proportion de la pente du terrain. Le vin, dit-on, en est très-bon, mais les frais qu'on a faits et qu'on fait toujours pour soutenir et maintenir les terres sont considérables et dispendieux.

Ensuite on trouve Vevay, petite ville bien située, avec une place spacieuse sur le lac, au côté droit de laquelle on voit une belle maison de ville et campagne, avec cinq ou six tourelles dans le style gothique. Nous allons ainsi jusqu'à l'extrémité du lac, longeant et dépassant l'embouchure du Rhône; nous arrivons enfin au Bouveret, village situé sur le Valais, où nous dînons, servis par de belles et de franches Valaisanes, bien fraîches, bien replètes et bien formées pour être nourrices.

En repassant près de Lausanne, notre bateau reçut des gardes nationaux qui revenaient d'un camp formé tous les ans; et quelques députés aussi liants que francs et bienveillants. Ils me dirent, si ma mémoire est fidèle, que leur traitement n'est que de quatre francs cinquante centimes par jour, et que l'habitant de la Suisse dont l'avoir quelconque ne se monte qu'à une valeur de deux mille francs ne paye aucun impôt : seulement les propriétaires de valeurs au-dessus de cette somme payent chaque année un franc par mille.

Cette promenade aurait été très-agréable (il faisait beau le matin), mais le temps se couvrit, et depuis onze heures jusqu'au soir, il tomba toujours de la pluie.

Partis de Genève à sept heures du matin, nous rentrâmes vers six heures du soir.

CHAPITRE XXXIII.

FERNEY. — MAISON DE VOLTAIRE. — DESCRIPTION DE GENÈVE ET DE SES HABITANTS.

Genève, 1ᵉʳ juin, à sept heures du matin, 15° cent.; il tombe encore de la pluie.

Nous allons à *deux lieues* de Genève voir Ferney ou Fernex, bourgade peu importante et bien déchue, mais célèbre, dans le dernier siècle, par la résidence prolongée de Voltaire. Sa maison, nouvellement réparée, a été achetée, dit-on, par un joaillier de Paris, qui, venu des environs de Ferney simple ouvrier dans cette capitale, est parvenu par son talent, et peut-être par un heureux hasard, à gagner une grande fortune, dont il s'honore et jouit noblement. Il y a, dit-on, autour de cette maison quinze mille francs de rente en biens ruraux qui en dépendent. Vendue précédemment cinq cent mille francs, cette propriété, à cause de la baisse des biens produite par la

Révolution, n'a coûté que deux cent quatre-vingt mille francs au dernier propriétaire.

La maison dont il s'agit est dans une belle situation : en face, vers le midi, un bois spacieux et bien percé; à gauche, le village; à droite, un paysage agréable et varié. En somme, une habitation solitaire et retirée, bien capable d'inspirer un poëte et même un philosophe.

Nous allons le même jour voir le musée de Genève, qui n'a rien de remarquable que le cachet d'une très-grande liberté; il y a notamment une copie en plâtre de la Vénus de Médicis.

Genève, située avantageusement et agréablement sur le lac de son nom, est une ville importante et des plus éclairées : tout ce qui a rapport à l'administration et à la police est fort bien tenu. Les quais sur les bords du lac et du Rhône sont très-propres et bien entretenus; il y a des balustrades en fer, ou garde-fous, dans toutes les parties qui longent la ville. La population, très-active et très-industrieuse, paraît dans l'aisance et ne manque de rien. Les habitants de la ville et même de la campagne sont propres et bien couverts. La plupart des femmes de la campagne ont une coiffure semblable à celle des environs de Lyon, composée de serre-tête ou petites coiffes frisées, comme celles de la basse classe des villes, et d'un chapeau de paille qui les couvre, moins large qu'on ne les porte à Florence, mais assez grand pour garantir la tête de la pluie et des ardeurs du soleil. Ces chapeaux, assujettis sur la tête par des brides, ou lâchés sur le dos lorsqu'on le désire, sont d'un usage très-commode et peu dispendieux. C'est une coiffure modèle pour les femmes de la campagne : rien n'est plus convenable sous tous les rapports.

Il y a beaucoup de grandes fortunes à Genève; et si la tranquillité y régnait toujours comme durant les trois jours que j'y ai passés, l'honnête franchise des habitants et la liberté dont on y jouit me feraient aimer le gouvernement républicain, qui est, comme je l'ai dit ailleurs, très-convenable pour la Suisse.

CHAPITRE XXXIV.

COUP D'OEIL SUR LE CANTON DE VAUD ET SUR SES HABITANTS. — ARRIVÉE A PARIS.

Genève, 2 juin; il fait assez beau temps; je pars pour la France, à neuf heures du matin.

En quittant Genève, nous côtoyons le lac et passons par Coppet, Maurey, Champigny; ensuite, toujours montant et traversant le canton de Vaud, nous arrivons à la frontière vers une heure et demie; nos malles sont visitées, mais pas rigoureusement comme je le pensais.

Entremêlé de pâturages et de culture, le canton de Vaud, situé en partie sur le lac de Genève, est assez fertile et bien cultivé. Les habitants, de bonne mine et bien couverts, sont actifs, laborieux et industrieux. Je n'ai vu qu'en ce pays se servir de grandes romaines pour peser les voitures.

Sur le plateau autour de la douane, il y a quelques jardins et petites cultures; mais dans les sapinières voisines tout est couvert de neige au pied de ces arbres ; et depuis trois heures jusqu'au soir, nous n'avons trouvé dans cette partie du Jura que des forêts de sapins d'une médiocre hauteur, des neiges au pied de ces arbres, et un petit village vers le soir.

Après avoir descendu et passé la nuit par Dôle, nous arrivons à Dijon vers sept heures du matin, et par le chemin de fer à Paris vers cinq heures du soir.

FIN.

TABLE DES MATIÈRES.

	Pages.
Du mariage et de son importance.	1
Des chagrins et des peines, et de leurs remèdes.	19
De la perfectibilité de l'homme.	37
De la démocratie pure.	67
De la démocratie en France et en Amérique.	75
Du socialisme.	83
Des bonnes et des mauvaises lectures.	89
Des gouvernements.	97
Avantages d'une bonne réputation.	101
Du choix d'un état.	105
Bizarreries de la mémoire.	111
De l'influence du climat.	115
De l'Angleterre et des Anglais.	123
Des climats tempérés.	133
Du travail.	139
D'une erreur de la philanthropie.	143
Du naturel et de l'habitude.	151
De la religion catholique.	157
De la modération dans la liberté.	165

TABLE DES MATIÈRES.

	Pages.
Le passé, le présent et l'avenir	171
De l'avenir de l'industrie	181
Conclusion	187
Notes	193
ITINÉRAIRE EN ITALIE	217

FIN DE LA TABLE.

PARIS. — IMPRIMERIE DE CH. LAHURE ET Cⁱᵉ
Rues de Fleurus, 9, et de l'Ouest, 21

www.ingramcontent.com/pod-product-compliance
Lightning Source LLC
Chambersburg PA
CBHW050544170426
43201CB00011B/1557